Doris Knecht

HURRA.

Wien – Zürich – Wien

Anleitung zum Doppelleben in 111 Schritten

Doris Knecht

HURRA.

Wien – Zürich – Wien

Anleitung zum Doppelleben in 111 Schritten

Gedruckt mit Unterstützung des Bundeskanzleramtes / Sektion Kunst, der Stadt Wien MA7 / Kultur, des Bundesministeriums für Gesundheit und Frauen und des Landes Vorarlberg

Bibliografische Information Der Deutschen Bibliothek
Knecht, Doris: Hurra. Wien – Zürich – Wien, Anleitung zum Doppelleben in 111 Schritten / Doris Knecht
Wien: Czernin Verlag 2004
ISBN 3-7076-0186-2

Satz: Elisabeth Natz
Umschlag: Ulrich Schueler
Cover-Foto: Doris Knecht
Herstellung: Die Druckdenker GmbH, Wien
Druck: Druckerei Theiss GmbH, St. Stefan
ISBN 3-7076-0186-2

Vorwort

Der Alltag nach Knecht

Von Robert Menasse

Eines Tages hatte ich einen Traum. Es war vor kurzem. Aber es wird ewig „eines Tages“ bleiben. Ich hatte gerade eine Kolumne von Doris Knecht gelesen, anschließend etwas anderes, sehr ähnliches, nur viel längeres, ich glaube Doderer – worauf ich einschlief. Ich träumte, dass ich mit Doris Knecht eine Affaire hatte. Haben wollte. Jedenfalls mit ihr beschloss, eine zu haben. Vielleicht ist das aber schon die Interpretation des Traums. Geträumt habe ich, dass wir uns in einem Hotel verabredeten. Das Hotel hieß „Alltag“ – da hätte ich schon stutzig werden müssen. Man verabredet sich nicht zu Affären im Alltag, auch wenn sie dort jederzeit in jeder erdenklichen Form geschehen können. Es passierte nämlich folgendes: Ich trat ein. Der Teppich, ein roter Läufer, der vom Eingang zur Rezeption führte, quatschte, schlürfte, schmatzte, grunzte bei jedem Schritt, den ich machte. Ich ging langsamer, fast in Zeitlupe, hatte den rätselhaften Eindruck, plötzlich Wasser in den Schuhen zu haben. Ich blieb stehen, machte im Stand eine abrollende Bewegung mit einem Fuß – da war dieses Geräusch wieder. Ich blickte zu Boden. Zunächst fiel mir nichts auf. Ein dunkelroter Läufer. Vielleicht zu dunkel rot. Als wäre er nass. Dann erst sah ich sie: die Zierfische, die da auf dem Teppich, in der ganzen Lobby des Hotels lagen, japsend, mit zuckenden Schwanzflossen, elend stolz schimmernd. Ich blickte auf, sah vor mir, wie am Ende eines Tunnels, das professionell erwartungsfrohe Lächeln der Rezeptionistin hinter ihrem Tresen.

Ich zertrat auf den letzten Metern keinen Fisch, unentwegt strahlend beobachtet von der Frau hinter dem Ankunftsdesk. Sie hatte ein Namenschild: „Alltag – Knecht“.

Ich musste meinen Namen sagen. Ich wusste ihn noch. Eine Unterschrift leisten. Sie war schwungvoll und leserlich.

Dann erst fragte mich diese Frau Knecht, ob ich hoffentlich nicht inkommodiert sei von den Fischen auf dem Boden. Ich beeilte mich zu verneinen.

In der Lobby des Hotels habe sich ein riesiges Aquarium befunden, erklärte sie. Sehr stimmungsvoll. Ein Gast, der einem anderen einen Golfschläger vorführen wollte, hat mit diesem Golfschläger die Glaswand des Aquariums zertrümmert, zigtausend Liter Wasser und Dutzende Fische sind in einem Schwall herausgeschwappt.

Golfstrom, sagte ich. Sie lachte. Es ist wie es ist, nur unsere Erwartungen sind anders, sagte sie.

Ich wachte auf. Schweißnass. So kann es einem gehen, wenn man Doris Knecht liest. Aber man sollte nicht träumen. Auch wenn ihre Texte dazu herausfordern zu phantasieren. Augen offen halten! Und sehen: Es ist, wie es ist, so logisch, wie die Konsequenzen eines Zusammentreffens von Golfschläger und Aquarium. Nur unsere Erwartungen sind anders.

Doris Knecht ist eine Literatin unter den Journalisten, eine Alltagssoziologin unter den Literaten. Wenn man ihre Kolumnen sammelt, eine auf die andere legt, dann wird daraus eine Stiege in der immer flacher werdenden Welt. Eine „Strudelhofstiege", heute.

Wien

Jeder hat ein Hobby

Kürzlich hat Sedlacek brüllend sein Handtelefon auf dem Boden vom „Schwarzen Kameel“ zertreten, weil es einen Moment lang nicht funktioniert hat. Das war, nachdem er seine „Chamäleon“-Performance nicht zeigen konnte, weil im Schwarzen Kameel keine Crème Brulé serviert wird. Das Chamäleon kannte ich noch nicht, und ich hab zu Seidenberg, der mit am Tisch saß, gesagt: „Er braucht Crème Brulé dafür? Um Gottes Willen. Ich kann es mir ungefähr vorstellen.“ Seidenberg, ein durch langjährige Erfahrung abgebrühter Sedlacek-Freund, blickte mir ausdruckslos in die Augen und sagte: „Nein. Das. Kannst. Du. Nicht.“

Die meisten Leute haben ein Hobby: sie sammeln in ihrer Freizeit Platten, sie gehen exzessiv ins Kino, sie lesen Bücher über das Paläozoikum, schreiben einen Krimi, spielen Golf, ackern ihren Garten um. Hobbys sind etwas Schönes, weil sie dem Menschen die Illusion vorgaukeln, sein Leben habe auch abseits seines Arbeitsplatzes einen Sinn. Auch Sedlacek hat ein Hobby: Er benimmt sich schlecht. Er würde sich gern immerzu schlecht benehmen, muss sich aber aus wirtschaftlichen Gründen auf sein bisschen Freizeit beschränken. Trifft Sedlacek auf der Straße zufällig einen Geschäftspartner, parliert er mit diesem in aller Höflichkeit, erkundigt sich nach dem Wohlbefinden der Gattin, memoriert mühelos die Namen der Kinderchen, ist taktvoll, aufmerksam, charmant, ein Mann von allerfeinsten Manieren. Kaum ist der Geschäftspartner außer Hörweite, bellt Sedlacek den nächstbesten Passanten nieder. Ich meine „bellen“ im Sinne von „bellen“ wie in „bellen“.

Leute, die Sedlacek nur privat kennen, halten ihn für ein Versuchsobjekt in einem gewagten Experiment der offenen Psychiatrie. Sedlacek wirft im Restaurant mit Essen. Er steckt sich Havannas in die Nase. Er beschimpft seine Socken. Er zeigt seinen Jetzt-zieh-ich-mal-das-Tischtuch-unter-all-diesen-Gläsern-Tellern-und-Flaschen-weg-und-nichts-wird-umfallen-Trick, für den ihm etwa zwei, drei Jahre intensives Training fehlen. Sedlacek genießt seine Freizeit außerordentlich.

Im Idealfall gemeinsam mit dem Schauspieler Paulus Manker, für den schlechtes Benehmen nicht nur ein Hobby ist. Kellner bekreuzigen sich, wenn Manker oder Sedlacek ein Lokal betreten; sie drohen mit Selbstmord, wenn Manker und Sedlacek ein Lokal betreten. Mein letztes gemeinsames Nachtmahl mit Manker und Sedlacek gipfelte darin, dass ich mich brüllend auf Manker warf, um ihn daran zu hindern, einen Geldschein anzuzünden, während Sedlacek, der Geld zu sehr liebt, um seine sinnlose Vernichtung zu ertragen, mit einem Glas 95er-Tignanello nach dem Schein zielte, leider aber daneben und Mankers Skriptbuch traf, was Manker in wütendes Geheul versetzte und für den Schein nichts Gutes hieß. Später hat Sedlacek noch das Chamäleon gemacht. Nein, Sie können sich das nicht vorstellen.

Küche mit Litschi

Doch. Ja. Das ist eine schöne Küche. Das ist eine sehr schöne Küche: Diese klaren, japanophilen Formen, diese perfekte Harmonie von schokoladenbraunen Tropenholzoberflächenflächen, sandgestrahltem, poliertem Edelstahl, schimmerndem Glas und einer Handvoll praller Litschis, die dekorativ auf einer der makellosen Arbeitsoberflächen liegt. Das ist eine großartige Küche. Die Küche ist neu, hat knapp 30.000 Euro gekostet und gehört Sedlacek. Augenblicklich lehnt Sedlacek in lockerer Haltung an etwas, bei dem es sich vermutlich um einen High-Tech-Designer-Herd handelt und versucht, seinen Besitzerstolz zu unterdrücken, um die ideale Balance des Raumes nicht durch schlechte Vibes zu gefährden. „Sedlacek, das ist eine fantastische Küche", sage ich mit dem angemessenen Respekt, „wofür wirst du sie benutzen?"

Zugegegeben, meine moralische Basis über Leute zu urteilen, die nicht kochen, ist fragil, wenn man bedenkt, dass ich zwei meiner drei Paradegerichte mit der Kurzwahltaste meines Telefons zubereite (# 1 für Hallo Pizza – Sardellen, Kapern, Oliven, Käse; # 2 für Sakura Sushi – einmal gemischt, bitte); und mit dem dritten, chinesischer Instant-Nudelsuppe der Marke „Yum Yum" mit Hummeraroma, brauche ich auch nicht anzugeben. Sedlacek allerdings kocht ausschließlich japanischen grünen Tee und das nur an Sonntagen, weil er unter der Woche seine 260-Quadratmeter-Maisonette einzig dazu benützt, sich die Zähne zu putzen, vier Stunden zu schlafen, zu duschen und sich die Zähne zu putzen. Sedlacek wohnt nicht. Sedlacek kocht nicht, da er 16 Stunden täglich arbeitet und dazwischen mit seinen Werbekunden geschäftsisst, und zwar auf edel, denn, wie Sedlacek zu sagen pflegt: Der Etat geht durch den Magen.

Sedlacek nimmt in seiner Wohnung keinerlei Nahrung zu sich, und ich bin bereit, auf der Stelle meinen Parkettboden darauf zu verwetten, dass die Litschis auf dem Küchentresen einmal in der Woche von Sedlaceks Putzfrau in den Müll geschmissen und durch frische ersetzt werden, so, wie sie einmal in der Woche den Billardtisch absaugt, der sich in Sedlaceks Mega-Wohnzimmer allein zu dem Zweck verliert, einmal in der Woche von der Putzfrau abgesaugt zu werden. Von Sedlaceks Fernseher, einem Design-Trum von der Größe des Donau-Deltas, das Sedlacek nicht bedienen kann, will ich nicht sprechen.

„Wozu brauchst du eine Küche?“ frage ich Sedlacek, aber er ignoriert es, und ausnahmsweise lass ich ihm das durchgehen: Er tut mir ein bisschen leid, wie er da in seiner 30.000 Euro-Küche lehnt und das Dilemma des modernen, urbanen Workaholics repräsentiert: Er kann sich diese Küche nur deshalb leisten, weil er keine Zeit darin verschwendet. „Ist sie nicht wunderschön?“ sagt Sedlacek. Ja, Sedlacek. Sie ist perfekt.

Menasse verkauft den Toaster

Letzte Woche hat mir Robert Menasse erzählt, dass er seinen Toaster verkauft hat. Mit Riesenverlust, weil der Toaster beim Einkauf etwa 600 Euro gekostet hat und beim Verkauf nur noch 150, aber er habe die Spannungen zwischen seinem Haus und seinem Toaster nicht mehr ausgehalten, sagte Menasse, und der Konflikt, ob er das Haus niederreißen und um den Toaster herum ein neues bauen oder den Toaster verstoßen soll, entschied sich letztlich zu Ungunsten des Toasters. Und dann war da noch etwas. Jedenfalls inserierte Menasse den Toaster in einem Anzeigenblatt und gab dem ersten von 130 Interessenten ohne zu feilschen den Zuschlag, unter der Bedingung, dass der Toaster innerhalb von zwei Stunden aus seinem Haus entfernt werde. Das geschah.

Robert Menasse ist Schriftsteller, Essayist, Staatspreisträger; ein Mann von Stil und Geschmack und deshalb lässt er sich regelmäßig den „Manufaktum"-Katalog ins Haus schicken. Das Haus steht im Waldviertel, der hantigsten, unnahbarsten Gegend Österreichs: es ist, soviel ich weiß, ein halbverfallener Bauernhof, den seine Besitzer irgendwann verlassen haben, um ihr Glück in fruchtbareren Gegenden und schöneren Häusern zu finden. Jetzt schreibt Menasse dort viele Monate im Jahr an seinem neuen Roman, allein mit seinem Computer, vielen Flaschen Rotwein und ein paar Tomatenstauden, mit denen er sich zwischendurch der Entspannung halber beschäftigt.

Und mit dem „Manufaktum"-Katalog, in dem er blättert, wenn ihn die Sehnsucht nach der wohlgestalteten, urbanen Zivilisation überwältigt. Der „Manufaktum"-Katalog ist ein elegantes, gediegen bebildertes Werk mit ausschließlich perfekten Gegenständen, und unter diesen erspähte Menasse schließlich den Toaster. Seinen Toaster. Den Toaster aller Toaster, so erzählte Menasse, so einer, wie sie seit Jahrhunderten in englischen Pubs benützt werden, riesig, chromglänzend, mit Griffen aus schwarzem Bakelit und Heizdrähten aus gezwirbeltem Vulkan-Gestein. Der Toaster wurde ein paar Wochen später zugestellt, von Menasse in seiner Küche vorteilhaft platziert, bewundert, geliebt und seiner Bestimmung zugeführt. Einmal oder zweimal. Vielleicht dreimal.

Dann hat Menasse festgestellt, dass die Toasts genauso schmecken, wie die aus seinem winzigen, alten Plastiktoaster, und dass das beste an diesem Toaster das Versprechen seiner Unverwüstlichkeit ist. Leider macht sich Unverwüstlichkeit erst bezahlt, wenn sie sich etwa 70, 80 Jahre lang erwiesen hat, also ungefähr, wenn Menasses Enkel den unverwüsteten Toaster mit ehrfürchtig geneigtem Haupt ihren Enkeln übergeben. Menasse musste feststellen, dass er vom wahren Wert dieses Toasters nie würde profitieren können, niemals, und so wurde ihm der Toaster zum unvergänglichen Fanal seiner eigenen Vergänglichkeit und der seines Hauses. Das tat weh. Da hat er den Toaster verkauft.

Unter Narren

Tom, Fritz, der Lange, Martin Rev, Alan Vega und ich sitzen im Backstage-Raum vom Flex. Alle sind betrunken, vor allem Alan Vega, der ohne Unterlass erzählt, er habe seit kurzem einen Sohn und trinke nicht mehr. Und, falsch: Fritz sitzt nicht, er rutscht auf den Knien zwischen Alan Vega und Martin Rev hin und her, schlägt Kopf und Hände auf den Boden und brüllt unaufhörlich „Thank you, thank you, thankyou, thaaaaankyouuuu!!!!“. Fritz ist 43 Jahre alt und ein nicht gänzlich erfolgloser Radio-Macher. Alan Vega hat einen Blick im Gesicht, als wäre es ihm lieber, Fritz würde sich endlich von seinen Knien erheben und sich neben ihm aufs Sofa setzen, damit er ihm erzählen kann, dass er seit kurzem einen Sohn hat und nicht mehr trinkt, aber Fritz weiß, wie er sich angesichts eines Gottes zu benehmen hat. Thank you. Thankyouthankyou. Tom stellt im Zehn-Minuten-Rhythmus Becher mit klaren Flüssigkeiten vor Alan auf, die Alan mit ungebrochener Überzeugung im Zehn-Minuten-Rhythmus als erstaunlich leckeres Wasser akzeptiert.

Halt! Stop!! Auszeit. Man muss vielleicht kurz erklären, was hier los ist, weil das die meisten Leute aus gutem Grund nicht verstehen werden. Also: Vor einer Stunde haben Suicide ihr einziges Reunion-Konzert in Europa beendet. Martin Rev hat eine unfassbare Sonnenbrille getragen und auf sein Keyboard eingehackt, während sich Alan Vega auf der Bühne wälzte und „Dream Baby Dream“ ins Mikrophon stöhnte und „Jukebox Baby“ und „Frankie Teardrop“. Unten, im Publikum, standen weitere Männer in Fritzens Alter und weinten vor Glück; Plattenladenbesitzer, Szenewirte, Musikjournalisten, DJs und

Filmemacher, Männer, die versucht haben, ihren Traum wenigstens an einer Faser zu erwischen, um ihn nicht ganz zu verlieren. Aber die zwei Männer da auf der Bühne, die haben ihrem Traum ihr Leben geopfert.

Denn Suicide: Suicide sind immer Götter der Popmusik gewesen, die, die schon in den späten Siebzigern elektronische Sounds, heftige Beats und herzzerreißendes Crooning zu verbinden wussten, die, auf die sich alle, alle Elektronik-Musiker beziehen; ja, Depeche Mode auch. Und jetzt sehen sie alt und verlebt aus, weil sie alt und verlebt sind. Aber sie träumen ihren Traum immer noch.

Ich bin dort gestanden und habe gewusst, dass Sedlacek das alles unendlich lachhaft gefunden hätte, wäre er hier gewesen, aber zum Glück war er das nicht. Er hätte es nicht verstanden. Die meisten würden es nicht verstehen, und ausnahmsweise verstehe ich alle: Sedlacek, die meisten und Suicide, weil es natürlich stimmt, dass man nur würdig altern kann, wenn man seine Rock'n'Roll-Träume irgendwann der Vernunft opfert. Aber andererseits berührt es einen in der Seele, wenn jemand den Mut hat, es nicht zu tun. Und außerdem: Alan Vega hat jetzt einen Sohn und trinkt nicht mehr. Das ist nicht nichts.

Gut sein lohnt sich nicht

Einmal hat mir Norbert Gstrein etwas gesagt, das fand ich überaus richtig. Gstrein ist ein Tiroler Schriftsteller, aber er lebt in Zürich, und dort saßen wir im „Wilden Mann“, aßen einen Fisch und Gstrein erzählte, wie er früher geglaubt hatte, wenn er alles richtig macht, wenn er versucht, wirklich gut zu sein, dass er dann dafür belohnt wird. Und er hat versucht alles richtig zu machen und ein ganz Guter zu sein, und er hat gewartet und gewartet, bis er irgendwann draufgekommen ist, dass es fürs gut sein überhaupt keine Belohnung gibt. Nichts. Gar nichts.

So geht es mir nämlich auch immer. Erst letzthin beim Jassen im Adler-Hof zum Beispiel. Ich hatte mir einen Lauf aufgespart. Ich hab gewusst, wenn ich jetzt Ruhe bewahre, wenn Pauli, mein Jasspartner, jetzt kapiert, worauf ich hinauswill, dann wird das ein Matsch, ein virtuoser Matsch, kein Kindergartenmatsch, bei dem alle Stiche von vorherein aufgelegt sind, sondern ein Profi-Matsch, erkämpft mit Geschick, Taktik und Übersicht. Und ich hatte schon den ganzen Abend gespielt wie ein kleiner Gott, nicht einen Fehler hab ich gemacht; nicht einen. Ich spiel also ein kleines Herz aus, und sieh da, der König geht, und genau wie ichs im Gespür hatte, hat Pauli die Sau, und dann bringt er mir das Herz noch einmal und das ist gut, das ist sehr gut, weil jetzt habe ich vier Böcke, kleine unscheinbare, mit weiser Umsicht gesparte Böcke und gerade, als ich den vierten mit einem fiesen Grinser ausspiel und das Wutgeheul unserer Gegner mit unsäglicher Befriedigung zur Kenntnis nehme, düdelt mein Handy, und es ist Sedlacek, und er sagt, er bringt sich jetzt um, er steht schon am Balkon, vier Stockwerke, das müsste hinhauen. Ich sage: Sedlacek, bitte. Jetzt nicht. Das wird ein Matsch.

Das klingt jetzt herzlos, aber Sedlacek will sich drei Mal am das Leben nehmen, und ich weiß, dass er in einer halben Stunde wieder anruft, um mir irgendwas in der Art zu erzählen, dass er noch diese Woche in New York einen Ableger seiner Agentur eröffnen wird, um diesen degenerierten Amis einmal zu zeigen, was richtig gute Werbung ist. Außerdem kann ich hören, dass er gar nicht am Balkon steht, sondern an seinem Fernseher herumzappt. Er verbringt offenbar einen Abend allein zuhause; das macht ihn depressiv.

Jedenfalls bringt mich Sedlaceks Genöhle derart aus der Fassung, dass sich mein Gespür für Paulis Blatt verflüchtigt und ich nach den Böcken genau die falsche meiner letzten beiden Karten ausspiele, genau die, die Pauli nicht parieren kann und der Matsch ist versaut. Einfach versaut. Und danach haben wir das ganze Spiel verloren.

Norbert Gstrein hat mir im „Wilden Mann", da waren wir schon beim Dessert, erzählt, dass er das Gutsein und Richtigmachen dann gelassen hat. Er war und tat dann einfach nur noch. Und wissen Sie was? Es ist nichts Schlimmes passiert. Er wurde nicht dafür bestraft. Ich denke, das mach ich jetzt auch.

Zürich

Komm und sieh

Gestern hat Sedlacek angerufen; er kommt nächsten Sonntag aus Wien. Das ist gut. Wir werden in die „Kronenhalle" essen gehen, was heißt essen: Unmäßig völlern werden wir, exzessiv trinken, brüllend lachen, über Politik und Haider schimpfen, es werden Gläser zu Bruch gestikuliert werden, wofür wir uns barock entschuldigen; und all das tun wir kriminell vorsätzlich. Und ich hege den überaus berechtigten Verdacht, dass Sedlacek ungeniert anzügliche Bemerkungen machen wird; dass er schamlos meine Beine taxieren und ohne Ende meine elendsschicken neuen Stiletto-Stiefelettchen bewundern wird, und er wird meinen Gewichtsverlust loben, nicht ohne zu kritisieren, dass er auch Stellen einschließt, an denen das bei Gott nicht notwendig gewesen wäre. Und wissen Sie was? Ich brenne darauf. Denn, nein, das bedeutet keineswegs, dass Sedlacek mich als leicht verfügliches Sexluder betrachtet. Es bedeutet schlicht und einfach, dass Sedlacek am Leben ist. Und das ist weit mehr, als man von den meisten Zürchern behaupten kann.

Im Unterschied zu Sedlacek und allen andern nicht an Beatmungsgeräten angeschlossenen Wienern denkt der männliche Zürcher nämlich nicht 24 Stunden am Tag an Sex. Falls er überhaupt je an Sex denkt, kann er es ausgezeichnet verbergen. Das finde ich beunruhigend, ungesund, sterbenslangweilig. Zum Beispiel betrachtet der lebende Wiener – was sehr nerven kann – eine Frau prinzipiell von unten nach oben. Er heftet seinen Blick auf ihre Schuhe, lässt ihn voller Interesse an ihren Beinen hochwandern, verharrt kurz auf Hintern oder Hüfte, schweift zu ihrer Büste hoch und entscheidet an dieser Stelle, ob es sich lohnt, sich mit dem Gesicht zu beschäftigen. Falls er dort je ankommt, wird er von der gelernten Wienerin mit einem freundlichen Lächeln und einem Hallo-wie-war-die-Anreise?-Blick begrüßt, und wenn das dem Wiener nicht so peinlich ist, dass er rothäuptig abzieht, kann man immer noch einen Diskurs über den Humanismusbegriff bei Hegel führen, denn das eine schließt das andere nicht aus.

In Zürich dagegen schon. Der Zürcher weicht jeder dräuenden Zweideutigkeit großräumig aus. Wird beispielsweise ein Wiener von einer nicht komplett abstoßenden oder unsympathischen Frau überraschend auf ein Bier eingeladen, wird er, auch wenn er jetzt nichts von ihr will, die Einladung mit freudiger Erregung annehmen und in gespannter Erwartung all jener Dinge harren, die nicht zwingend passieren müssen, die man aber nicht ausschließen kann und die der Wiener nie ausschließen wird – er ist ja kein Depp. Während der Zürcher allsogleich ein völlig verschrecktes IchweißnochnichtobichZeithabeichmeldemich ausstößt, zitternd sein Handy ausschaltet und sich unter seiner Bettdecke tot stellt. Denn: Bedrohlichste Unabsehbarkeiten zeichnen sich ab! Das ist dem Zürcher verdächtig, störend und zuwider, weil er Zwischenmenschlichkeiten mit demselben vernunftorientierten Pragmatismus verwaltet wie Bankkonten.

Deshalb sieht der Zürcher einer fremden Frau nie woanders hin als in die Augen, und das wirft eine interessante Henne-oder-Ei-Frage auf: Tut er das, weil in Zürich alle Frauen (selbst die Huren) flache Schuhe, Hosen und kein Make-up tragen? Oder tragen in Zürich alle Frauen (selbst die Huren) flache Schuhe, Hosen und kein Make-up, weil die Zürcher sowieso nicht hinschauen? Es drängt sich allerdings die dritte Möglichkeit auf, dass der Zürcher deshalb nur oberhalb schaut, weil er befürchtet, unterhalb einen Rock oder gar Stöckelschuhe zu entdecken. Um Himmels Willen. Solches sagt dem Zürcher dreierlei: 1. Alarm. 2. Akute erotische Angriffsgefahr droht. 3. Nichts wie weg hier!

Ist es bald Sonntag? Komm und sieh meine Schuhe, Sedlacek. Und tu dir auch sonst keinen Zwang an. Leb einfach drauflos.

Große Busen schön

Manu sitzt in einer Bar hinter einem Martini und hat einen Zorn wegen meiner Kolumne über die Zürcher. Wieder mal dein üblicher postfeministischer Dreck, sagt Manu, ich dachte, davon wärst du allmählich geheilt. Und dieser Sedlacek schon wieder, sagt Manu, reicht das nicht, dass der Narrische am Leben ist, musst du ihm unbedingt auch noch ein Forum verschaffen?? Vor allem aber ist Manu wütend, weil ich die Zürcher dafür kritisiert habe, dass sie im Unterschied zu Sedlacek den Frauen immer nur in die Augen schauen, und das hält Manu für eine vorbildliche Sichtweise, quasi, dass die Zürcher aus den Gender- und Frauenverdinglichungsdebatten gelernt haben, im Unterschied zu Sedlacek, aber der kann wahrscheinlich gar nicht lesen, sagt Manu, ich weiß wirklich nicht, was DU immer mit DEM hast. Ich würde gerne einwenden, dass die Art, wie die Zürcher schauen, weniger mit Aufgeklärtheit als mit totaler Leidenschaftslosigkeit zu tun hat, aber wenn Manu wütet, tut sie das mit wortreicher Konsequenz.

Während Manu zürnt, zeigt sie übrigens reichlich Dekolleté, was insofern keine Rolle spielt, als das Dekolleté von einem dünnen Fähnchen eingerahmt wird, das knapp unter Manus Arsch endet, und als sie eben ihre Netzstrumpfhaxen auf den Stäbchen ihrer Sergio Rossis zum Zigarettenautomaten dirigierte, zog sie eine Batterie Männerblicke auf sich, die, da sich die Bar nicht in Zürich befindet, an der blitzenden Klugheit in Manus blauen Augen mäßig interessiert waren.

Himmel, Manu, schau dich doch an, sage ich schließlich (auch Manu muss mal Atem holen, und ein Martini trinkt sich nicht von selbst) – so wie du dich herrichtest, willst du doch gesehen und bemerkt werd…, doch Manu hat schon wieder Luft genug, um das bescheuert zu finden: Ich schaue so aus, sagt Manu, weil ich mich schön finde so und nicht, weil ich irgendwelchen Kerlen gefallen will.

Wenn ich mir ein Mal – ein einziges Mal, lieber Gott! – etwas von den gescheiten Sachen, die ich hin und wieder lese, merken würde, dann würde ich Manu jetzt etwas von Walter Benjamin zitieren, und zwar aus „Sprache und Geschichte", aus dem Kapitel, wo es um Begrifflichkeit geht. Ich glaube jedenfalls, dass es um Begrifflichkeit geht, kann es aber nicht garantieren, weil ich den Benjamin in einem Anfall von pädagogischem Idealismus Sedlacek geschenkt habe, der ihn seither zur Dekoration der Heckablage seines Angeberautos benutzt; und der freundliche Buchhändler von der Stauffacherstraße muss ihn erst bestellen. Käme ich zu Wort, würde ich also sowieso wie immer auf das Einzige, was ich mir merken kann, zurückgreifen müssen, also das Boulevardfernsehen, wo sie letzthin eine 15-jährige Britin interviewt haben, die sich zum 16. Geburtstag einen größeren Busen machen lässt, weil sie, wie sie sagte, große Busen schön findet. Aber warum findet eine 15-Jährige einen großen Busen schön? Weil ihr der Begriff „schön" in ihren 15 Jahren angefüllt worden ist von Magazinen und vom Fernsehen und von den Buben in ihrer Disco. Ihre Meinung darüber, was „schön" sei, ist ihr ja schließlich nicht gewachsen wie ihre Niere, genauso wenig wie Manu ihre Vorliebe für Balanceakte auf Rossis Mikadostäbchen.

Zudem ist Manu ja nicht blöd und über 30, und ihr Begriff von „schön" wurde durchaus auch von Schwarzer und Beauvoir beeinflusst, und darüber würde ich gerne mit ihr diskutieren, aber leider taucht in diesem Augenblick völlig unerwartet Sedlacek auf. Und während Sedlacek seinen Hintern neben mir auf einen Barhocker hievt, richtet er seinen Blick stur gerade aus auf Manus schöne Büste und sagt: Geil schaust aus, Oide, und dann sieht man von Manus blitzgescheiten blauen Augen nur noch das Weiße.

Weiber!!!

Manu sitzt im „Sprüngli“ am Paradeplatz vor einem Café crème und ist sauer über meine letzte Kolumne über Manu. Netzstrümpfe!, sagt Manu mit einer Leidenschaftlichkeit, die ihr, da wir uns in Zürich befinden, eine Familienpackung tadelnder Blicke distinguierter Pelzdamen einträgt, ich besitze überhaupt keine Netzstrümpfe, und ich mag auch keinen Martini, und überhaupt hast du mich dargestellt wie ein Sexhäschen aus einem Siebzigerjahre-Porno, schimpft Manu, so lasziv an eine Bar gegossen, wie von einem läufigen Kerl in einem feuchten Traum fantasiert, ist ja widerlich.

Während Manu beklagt, wie eine Sexfilm-Tussi dargestellt worden zu sein, trägt sie einen tief ausgeschnittenen rosa Pulli, dessen Ärmel nicht fest genäht sind, also ihre schönen, weißen Schultern und zwei ebensolche Oberarme preisge…, aber wenn ich hier fortfahre, spricht Manu nie wieder ein Wort mit mir. Das möchte ich verhindern, denn Manu ist eine gute Freundin, und ich hätte gerne, dass sie es bleibt. Weil: Es stimmt in Wahrheit gar nicht, sie trägt ihren rosa Sexhäschenpulli im „Sprüngli“ nicht. Und ich gestehe, dass das mit den Netzstrümpfen auch nicht gestimmt hat. Manu trägt im Unterschied zu Lotte, Mizzi, Pia und mir tatsächlich nie Netzstrümpfe, aber ich meine, das ist bitte schön eine Kolumne und kein Polizeibericht, es geht hier ums Exemplarische und nicht ums Tatsächliche, und all die anderen Sachen, die Manu in der letzten Kolumne trug, trägt sie wirklich. Genauso wie sie dieses ärmelige Ding tatsächlich besitzt, ich schwöre es bei Dolce & Gabbana.

An unserem Tisch im „Sprüngli“ sitzt außerdem ein langer

Mann, der gar nicht zu Wort kommen will. Der Lange gehört zu mir (this one goes out to all the hilfsbereiten Herren, die mir, was Manu überhaupt nicht wundert, nach der Stöckelschuh-Kolumne geschrieben und angeboten haben, ihre Blicke über meinen Körper wandern zu lassen, danke herzlich, aber das war eigentlich als Metapher auf die hiesige, wie Saul Bellow sagen würde „Verachtung der kreatürlichen Bedürfnisse" gedacht und keineswegs, wie Manu boshaft unterstellt, als schlecht getarnte Kontaktanzeige). Und weiß Gott, der Lange kennt diese Sorte Gespräch, denn Manu und ich führen es nicht zum ersten Mal, ebenso wie es der Mann kennt, der zu Manu gehört und auf den wir im „Sprüngli" gerade warten.

Für gewöhnlich suchen die jeweils zugehörigen Männer das Weite, wenn Manu, Mizzi, Lotte, Pia und ich uns gepflegt unterhalten oder uns auf meinem Sofa zwölf Folgen „Sex and the City" hintereinander ansehen. Der Lange ist letztes Mal bei Folge neun hereingeplatzt, als sich die Damen gerade auf hohem Niveau und überaus detailverliebt über Oralverkehr unterhielten. Der Lange sagte daraufhin, das sei total unrealistisch, im richtigen Leben führe kein Mensch je solche Gespräche, die fünf Frauen drehten sich mit verständnislosem Blick zu ihm und sagten „Spinnst?!?", worauf der Lange blass wurde und das Weite suchte.

Das „Sprüngli"-Gespräch erträgt er gerade noch, außerdem ist er in Zürich ortsunkundig und auf mich angewiesen, und dann kommt eh der Mann, der zu Manu gehört, und wir gehen essen. Immerhin kann sich Manu über eines nicht beklagen: Ich-weiß-nicht-was-du-immer-mit-DEM-hast-Sedlacek kommt diesmal nicht vor. Und das, obwohl er letzte Woche in Zürich war. Aber wir haben ganz unspektakulär und ohne ungut aufzufallen im „Conti" gespeist, und außer, dass er hinterher in der Bahnhofstraße ein paar unschuldige Passanten zur Ruhe gemahnt hat („RRRRRUHEEEEEEE! HOITS DIE PAPPN ES NUDLAUGN!!"), war nichts.

Meine Lippe nicht

Manu hat gesagt, es ist aus, wenn ich nochmal über sie schreibe. Mit Mizzi verhandle ich noch, ob ich die Geschichte mit dem Prinzen verwenden darf. Im Moment verlangt sie meine Westwood-Börserl für die Rechte an der Prinzengeschichte, was ich unverschämt finde, wenngleich die Geschichte wirklich gut ist. Aber mehr als das süße Gucci-Feuerzeug, das mir Sedlacek zu Weihnachten geschenkt hat, ist nicht drin und fertig, und dafür, dass ich das Feuerzeug in die Schlacht um die Prinzengeschichte werfe, wird mir Sedlacek den Kopf abreißen, obwohl ich selbstverständlich unter Tränen beteuern werde, dass es mir entwendet worden sei. Ich werde also etwas anderes erzählen müssen. Zum Beispiel die Geschichte, wie Sedlacek in Zürich einmal gesungen hat, auch wenn die Zürcher das ziemlich sicher in den falschen Hals kriegen, beziehungsweise: eine Abordnung davon hat das bereits.

Zuerst: Sedlacek ist kein Nazi. Sedlacek ist nicht mal rechts. Er ist politisch völlig indifferent, denn einerseits wäre er gerne ein Konservativer, weil er die Rechten für dumpf und die Grünen für modisch verwahrlost hält, anderseits wählt er stets die Sozialdemokraten, die er eigentlich unsexy findet. Er tut das, wie er einst gestand, im sentimentalen Gedenken an seine große, unvergessliche, litauische Liebe Olga, die er vor etwa 100 Jahren, als Litauen noch zur Sowjetunion gehörte, in einem Bordell kennen lernte, und die ihn vor etwa 99,8 Jahren, als Litauen immer noch zur Sowjetunion gehörte, zum Teufel jagte. Ich mache nach wie vor bei jeder Wahl mein Olga-Gedächtnis-Kreuzerl bei den Roten, seufzte Sedlacek mit feuchten Augen, sie war die Liiiiiebe meines Leeeeebens!, was ich unter keinen Umständen glaube. Sedlacek hat mir schon von zu vielen Lieben seines Lebens vorgeseufzt. Die meisten davon leben auf Kuba.

Die letzte Dame, die die Liebe seines Lebens hätte werden können, traf Sedlacek an der Theke des Wiener „Monte"; sie war jung und liebreizend, es war spät, man unterhielt sich, man trank, man fand sich toll, man küsste sich erst zart, dann heftig, und als Sedlacek die Dame in seinem Angeberauto nach Hause brachte und sich zum Abschied nochmal leidenschaftlich an ihr festsaugte, war der Spross der Liebe in ihm entsprungen. Und er wuchs kräftig bis anderntags um 13.25 Uhr, da traf Sedlacek im Kaffeehaus seinen alten Kumpanen Schöberl, dem er am Vorabend im „Monte" hinter der schönen Dame hervor nur kurz zugezwinkert hatte. Man unterhielt sich, und Schöberl erzählte Sedlacek, dass die Dame ihm, Schöberl, eine knappe Stunde bevor er sie in Sedlaceks Lippenvakuum wiederfand, in der Toilette des „Monte" sehr virtuos die Lewinsky gemacht habe, und zwar the full Monty. Als Sedlacek um 13.37 Uhr etwas sehr Hysterisches in mein Telefon würgte, war die Liebe bereits vorüber.

Und mit einer als Abgesang auf jene Dame gedachten kleinen Grönemeyer-Interpretation hat Sedlacek in einem Zürcher Banker-Treff dann eine zufällig gleichenorts stattfindende Betriebsfeier gesprengt. Gut, „Gesang" ist das falsche Wort. „GÜP MIRRRRR MEINNNNN HÄÄRRRRRZ ZZZZORRRRÖCKKKK!", sang Sedlacek monotonal und hielt dabei den Zeigefinger der linken Hand waagrecht über der Oberlippe und stieß die rechte in die Richtung der paralysierten Banker, „TU PRRRRRAUCHST MAINE LIPPPE NÄCHT!!!! GÜP MIRRRRR MEINNNNN HÄÄRRRRRZ ZZZZURRRRÜCKKKK PÄVORRRRS AUSSSEINANDER BRRRRÄCHT!!! GÄP HÄRRRR! GÄP HÄÄRRR…" Ich habe sehr gelacht, aber die Banker haben das irgendwie in den falschen Hals gekriegt, und wir wurden der Örtlichkeit verwiesen. Dabei ist Sedlacek wirklich kein Nazi. Er verliebt sich nur immer in die falschen Damen.

Mizzi und der Prinz

Einmal hatte Mizzi einen echten Prinzen. Der Prinz trug stets alpenländische Lederhosen und unter ihnen offenbar ein Gemächt, welches Mizzi mit einer ansonsten Anglern vorbehaltenen Handbewegung zu charakterisieren pflegte und dessen Erfreulichkeiten Mizzi darüber hinwegsehen ließen, dass darunter die königliche Gehirndurchblutung ein wenig litt. Oder, wie Sedlacek in einem seiner lichten Momente feststellte: Der Prinz hatte den IQ einer Cocktailtomate.

Einmal brachte ihn Mizzi zu einem Essen mit; und meine anderen Gäste waren gebrieft: Keine Aristowitze! Keine Politik! Keine Feminismusdebatten! Tut es Mizzis Hormonhaushalt zuliebe! Und das Gastvolk konversierte auch höflich über die wochenends vom Prinzen totgeschossenen Hirschen und die restituierten Güter, die der Prinz wochentags abzuschreiten pflegte, was er „Arbeit" nannte. Leider hob der Prinz dann zu einem Feminismusreferat an, in welchem er kundtat, er habe überhaupt nichts gegen die Feministinnen, sofern sie große Tutteln hätten, gell, Mizzi? Meine weiblichen Gäste gruben darob mit ihren Fingernägeln Kerben in meine Tischplatte, schwiegen aber aus Rücksicht auf Mizzis erotische Versorgung, während Mizzi den königlichen Schenkel tätschelte und laut die Ansicht vertrat, dass es heute aber wieder richtig kalt sei draußen, nicht wahr, Schatzerl?

Dann hat sie sich bald von ihm getrennt. Es war nämlich so, dass der Prinz der Meinung war, dass seine vordere Extremität wochenends zwar gut bei Mizzi aufgehoben sei, Mizzi aber nicht in seinen aristokratischen Kreisen. Mizzi sei – das waren, Mizzi schwört es bei Hedwig Courths-Mahler, des

Prinzen Worte – auf Grund ihrer vorstädtischen Arbeiterklasse-Herkunft und ihrer aktuellen Existenz als berufstätige Alleinerzieherin leider nicht standesgemäß. Er sei, habe der Prinz gesagt, seiner aristokratischen Tradition verpflichtet und gedenke sich dereinst mit einer Prinzessin zu vermählen, welche ihm sodann eine Reihe von Prinzchen und Prinzesschen zu gebären habe, jedes mit mindestens sieben mindestens viersilbigen Vornamen. Bis dahin wolle er gerne zu Mizzi lieb sein, allerdings, wenn möglich, ohne die Öffentlichkeit damit zu belästigen.

Nun legt Mizzi zwar einigen Wert auf ihre hormonelle Ausgeglichenheit, aber sie hat auch ihren Stolz. Sie entsorgte das königliche Zahnbürsterl aus ihrem Badezimmer und sagte dem Prinzen einiges, dessen Wiedergabe das Pressegesetz verbietet. Hinterher hat sie viel geweint, sie hat den Prinzen nämlich trotz seiner Schlichtheit ehrlich geliebt. Und der Prinz … Sedlacek hat den Prinzen während eines halben Jahres wiederholt in verschiedenen Bars angetroffen, und jedesmal, das schwört Sedlacek, sei der Prinz ob dem Verlust Mizzis in Tränen ausgebrochen, habe Kaiser und Vaterland verflucht, habe Mizzi als die Königin seines Herzens und die Verehelichung mit ihr als seinen innigsten Wunsch bezeichnet. Und jedesmal, wenn ihn Sedlacek dann vorsichtig über die Abschaffung der Monarchie in Österreich informiert und ihn gefragt habe, warum er Mizzi dann Himmelarschundzwirn nicht einfach heirate, habe der Prinz geschluchzt: „Ja, wenn es die Tradition nun mal verbihihihihihietet!"

Gestern hat mir Mizzi in einem Mail gestanden, dass sie sich letzte Woche den Prinzen wieder eingetreten habe, man habe sich auf einer Party getroffen, sich dann in einer Bar besoffen, und als sich Mizzis Hand plötzlich in des Prinzen Schritt verirrt habe, habe dieser oben „Es kann nicht sein!" gekreischt, unten aber stabile Zustimmung signalisiert. Und dann habe Durchlaucht aller Förmlichkeit entsagt und der drohenden Verstoßung durch sein Königshaus standhaft getrotzt. Und ihr sei es, schreibt Mizzi, im Augenblick komplett egal, ob sie nun Prinzessin Mizzi werde oder nicht. Manchmal sind die Hormone einfach wichtiger als die Krone.

Im Bett mit Haemmerli

Haemmerli hat mir in einem Mail mit dem subject „Neben Dir“ einen Platz in seinem Bett angeboten, und nein, nicht wegen was Sie glauben. Erstens kenne ich Haemmerli gar nicht persönlich, er ist ein Freund eines Freundes, hat einmal einen vernünftigen Einwand gegen eine Kolumne gemailt und wirkte dabei wie ein gescheiter, fröhlicher und erfreulich unzwinglianischer Zeitgenosse. Seit ein paar Wochen konversieren wir fleißig über so ziemlich alles, versuchen uns mit eleganten Wortspenden nonchalant zu beeindrucken und wissen mittlerweile recht einiges übereinander. Zweitens ist dieses „Neben Dir“ auf Grund des strengen Siez-Charakters der Korrespondez mit Haemmerli sehr missverständlich, denn es transzendierte aus einem Gedankenaustausch über die deutsche Siebzigerjahre-Politband Ton Steine Scherben in die Bettgeschichte, und auf die kamen wir … wie kamen wir nochmal auf die? Ach ja, wegen dieser Dame da, deren offenbar grässlich kontaminiertes Popwissen Haemmerli gerade von Grund auf reprogrammiert. Und weil ich kürzlich spätnachts auf MTV ein Video sah, in dem ein junger Mann den alten Ton-Steine-Scherben-Song „Komm schlaf bei mir“ sang, was mich irgendwie berührt hat, worauf Haemmerli sich an die Zeile „Ich lieg nicht über dir, ich lieg nicht unter dir, ich liege neben dir“ erinnerte, was ihn zu einer zart spöttischen Philosophie über den „egalisierenden Furor dieser Zeit“ veranlasste und zum eingangs erwähnten E-Mail-subject.

Haemmerli hat mir den Platz in seinem Bett angeboten, weil ich Haemmerli geschrieben habe, dass ich nicht mehr gut Bücher lesen kann, seit ich in Zürich lebe. Ich habe Haemmerli erzählt, dass ich neben meinem Langen in Wien, der so gut wie immer ein Buch in der Hand hält, viel und konzentriert lese, nicht aber ohne ihn in Zürich. Und dass ich befürchte, es habe mit Sedlaceks Einfluss zu tun.

Das Äußerste, was Sedlacek in Buchform konsumiert, sind Ratgeber mit Titeln wie „How to get rich“ und „Meine erste Milliarde“. Sedlacek vertritt die Ansicht, dass nur Menschen Bücher lesen, die sich keinen Fernseher leisten können, krankheitshalber ans Bett gefesselt sind und keine Freunde haben. Sowie hässliche alte Vetteln, die keinen Kerl mehr abkriegen. Sedlacek hält die Lektüre von Literatur für die letzte verzweifelte Möglichkeit, überflüssige Lebenszeit zu vernichten, wenn absolut jede Chance, Spaß zu haben, dahin und man für Selbstmord zu feige ist. Das Ansinnen, sich mit Sedlacek über ein literarisches Werk zu unterhalten, erzeugt eine ähnliche Resonanz wie der Versuch, einem Jogurt die Grundlagen der Quantenmechanik zu erklären. Mit dem Unterschied, dass das Jogurt dabei nicht verliebt die Schnalle seines neuen Prada-Gürtels betrachtet. Tatsächlich ist Sedlacek keineswegs der Mensch, von dem ich mich in elementaren Daseinsfragen beraten lasse – außer es handelt sich um den Erwerb hochhackiger Schuhe oder die Wahl des richtigen Weines.

Aber irgendwie, das habe ich Haemmerli zu erklären versucht, hat sich Sedlaceks irre Sichtweise in mein Hirn geschlichen, und auf einmal bin ich nicht mehr in der Lage, gemütlich zu Hause in einem Sessel zu sitzen und, wie früher, ein ganzes Buch auf einen Schnapp zu verschlingen. Irgendwie habe ich immer Sedlacek im Ohr, der „einsame, verzweifelte Vettel“ raunt. Das stört. Deshalb und nur deshalb hat mir Haemmerli einen Platz in seinem Bett angeboten. Dort liege er viele Abende so rum und lese; momentan Musil. Und gerne biete er mir an, mich dazuzulegen und meine sich stapelnden ungelesenen Bücher in jeweils einem Schnapp zu verschlingen. Ich habe Haemmerli erklärt, der Lange in Wien würde wenig euphorisch reagieren, wenn ich mich, und sei es aus den unschuldigsten Motiven, ins Bett anderer Männer lege, und ob er in seiner Wohnstatt vielleicht auch ein Sofa oder ein Fauteuil stehen habe. Er hat. Ich muss darüber nachdenken.

Runder! Weicher!

Ich kann mich nicht mehr rühren. Gestern hab ich mir beim Versuch, meine Sofas neu zu ordnen, derart das Kreuz verrissen, dass ich alle guten sportlichen Vorsätze erst mal vergessen kann. Dabei hatte ich mir eine Bravsein-Woche verordnet; mit Tee statt Alkohol, täglich fitteln, auf keinen Fall Sascha anrufen und viel schlafen. Aber Bravsein wird ja bekanntlich nicht belohnt: Ich liege jede Nacht bis drei, vier Uhr früh wach, und wenn ich richtig Glück habe, düdelt mich um fünf Uhr früh Sedlacek aus dem hart erkämpften Schlaf, um mir zu berichten, dass sein Auto einen Kratzer hat oder etwas ähnlich Brisantes, das unter keinen Umständen bis morgen warten kann. Ich muss endlich neue Batterien für meinen Wecker besorgen, damit ich das verfluchte Handtelefon nächtens ausschalten kann.

Sedlacek hat auch am Samstagabend angerufen, als ich mit Horowitz, einem befreundeten Chefredakteur aus Wien, in der „Kronenhalle" saß. Sedlacek wollte sich beschweren, dass ich mit Horowitz in der „Kronenhalle" sitze und nicht mit ihm. Ich hab gesagt: Sedlacek, ich bin in Zürich, Horowitz ist in Zürich, du bist in Wien, die Sache hat eine gewisse Logik. Sedlacek hat gesagt: Aber es ist unser Lokal, und du gehst ausgerechnet mit dem Horowitz hin. Ich hab gesagt: Sedlacek, für etwas Derartiges wie unser Lokal fehlt uns die amouröse Basis, und was hast du auf einmal gegen den Horowitz? Und ob er kein aufregenderes Samstagabendprogramm habe, als den Horowitz und mich zu quälen. Sedlacek hat gesagt, dass er mit Paulus Manker im „Taubenkobel" sitzt und der Horowitz sei zu alt für mich. Ich hab gesagt, das Alter vom

Horowitz spielt beim Dinieren keine Rolle, lasst euch doch einfach vom Herrn Eselböck etwas Schönes kochen und beschüttet euch mit Rotwein, aber lasst den Horowitz und mich in Frieden. Dann hab ich das Handy abgestellt, aber Paulus Manker, der einmal während eines Interviews versucht hat, an meinem Bauchnabel zu lecken, hat in der „Kronenhalle" angerufen und Horowitz ausrufen lassen, um ihm mitzuteilen, dass er zu alt für mich sei.

Endlich erschienen Dr. Robert und Begleitung. Ich hatte Dr. Robert ein SMS geschickt: hab 1 tisch für 4 in der kronenhalle, hast zeit um 8? & bring 1 dame mit. Aber Dr. Robert war, das ist ungewöhnlich, an diesem Abend mal nicht mit 1 Dame verabredet, sondern kam mit Sascha, und ich kann nicht behaupten, dass ich mich deswegen beschwert hätte, denn Sascha … ich will darüber nicht sprechen, denn hinter Sascha sah ich das Wort Ä R G E R schon in flammenden Lettern quer über dem „Kronenhalle"-Miro prangen. Horowitz hat ihnen dann beigebracht, wie man „Tutteln" richtig wienerisch ausspricht, was für einen Schweizer nicht so einfach ist, weicher! befahl Horowitz, runder!, mit einer winzigen Pause nach dem U! Und Dr. Robert hat es dann ganz gut hingekriegt. Später, um halb fünf Uhr früh, hat Sascha zum Abschied gesagt: Du bist eine initiative Frau, du rufst mich an – das Erste mag stimmen, das Zweite dagegen gewiss nicht, ich bin ja nicht deppert. Ich hab schon so genug Sorgen, meinen Langen in Wien und dazu dieses verrissene Kreuz.

Aber abgesehen davon geht es besser, danke der Nachfrage. Ich finde Zürich langsam ganz nett, das liegt am Frühling und an meiner neuen Freundin Kathi, die ist auch Wienerin, lebt seit zwei Jahren hier, kennt von den 333 486 statistisch erfassten Zürchern knapp 333 487 und hat beschlossen, mir die interessantesten davon vorzustellen. Zum Beispiel Dr. Robert, vor dem mich nicht nur Haemmerli heftig gewarnt hat. Nehmen Sie sich bloß vor dem in Acht! Aber das brauch ich gar nicht, und überhaupt ist das eine ganz andere Geschichte, die erzähl ich nächstes Mal.

Blutiger Mittwoch

Wäre nicht gerade das À-la-carte-Problem aufgetaucht, ich wäre dem Bruno an die Halsschlagader. Dabei mag ich den Bruno. Hin und wieder suchen wir gemeinsam eine lokale Trinkanstalt auf und stets ist die Konversation fröhlich, es sei denn, Bruno äußert sich über Feminismus. Ich bin ja der Meinung, dass jede erwachsene Frau, die nicht ein wenig Feministin ist, zickezacke zum Realitätsdoktor sollte, Bruno dagegen hält den Feminismus für eine Folge kollektiver Gehirnwäsche in den Siebzigerjahren und alle Feministinnen für komplett bescheuert. Und seit mich kürzlich mal das Missionarische anwandelte und ich in aller Vorsicht die Äußerung tat, dass, Entschuldigung, mal ganz allgemein und rein statistisch betrachtet, Frauen in unserer Gesellschaft möglicherweise vielleicht nicht vollkommen die exakt gleichen Chancen habe wie Männer, hält Bruno mich für eine komplett bescheuerte Radikalfeministin. Wenn auch ansonsten für ganz unterhaltsam.

Nun verfügt Bruno nicht nur über eine originelle Weltanschauung, sondern auch über verwegenen Mut. Anders lässt sich kaum erklären, dass er kürzlich in einem Zürcher Sushi-Lokal, nur durch einen schmalen Tisch von mir getrennt, etwas wagte, was nicht mal Sedlacek wagen würde, nämlich die Behauptung, der Feminismus sei eine mentale Dysfunktion infolge einer Mangelerscheinung, also Klartext, würde man diese Weiber mal so richtig du weißt schon, wären sie keine Feministinnen. Da wurde ich ein wenig emotional.

Also ich wollte Blut sehen. Ich wollte Brunos Blut durch das ganze Sushi-Lokal spritzen sehen, was Bruno gegenüber zugegebenermaßen etwas zu exzessiv gewesen wäre, dem

Sushi-Lokal gegenüber aber nicht, denn es war Sushi-Mittwoch, und deswegen wollte uns der Geschäftsführer partout kein großes Sushi von der Karte geben. Woher sollten wir verdammt nochmal wissen, dass Sushi-Mittwoch ist? Und wir wollten nun mal kein Sushi à la discrétion (wohinter sich in der Schweiz ein ehrliches „all you can eat" verschämt versteckt) um 68 Stutz, sondern ein ganz normales großes Sushi um 39, weil mehr kann sowieso kein Mensch essen.

Das trachtete man uns zu verweigern, und als ich Sedlacek später am Telefon davon vorschimpfte, sagt er, siehstu, daran merkt man, dass die Schweiz ein Land mit zu niedriger Arbeitslosenrate ist, und mehr Ausländer müssen rein. Das macht, sagte Sedlacek, den Dienstleistungssektor saturiert und überheblich, wenn es kaum Arbeitslose gibt. In Ländern mit höherer Arbeitslosenrate, sagte Sedlacek, wird der Kunde immer besser behandelt, weil Dienstleistung gleich Arbeitsplatz, die Ladenöffnungszeiten sind dann verlässlich liberaler, und man findet am Sonntag ein Lokal in dem man frühstücken kann, das ist ja in Zürich ein Wahnsinn. Wenn du jetzt also in einem Land mit hoher Arbeitslosenrate am Sushi-Mittwoch sagst, ich hätte bitte gern ein Sushi à la carte um 39 Franken, was ja, sagte Sedlacek, auch nicht nichts ist, dann wirst du nicht angeschaut, als hättest du gerade einen Lkw voll eigens für dich designtes Sushi umsonst und gratis verlangt, sondern du kriegst ohne Umstände das Sushi, das auf der Karte steht.

Aber die Sushi-Kultur liegt in Zürich sowieso voll im Argen. Haben Sie in Zürich mal versucht, ein Sushi geliefert zu bekommen, wenn Sie – ich skizziere hier den äußersten Krisenfall – nur die Nummer der Auskunft, das Internet und zwei Restaurantführer zur Verfügung hatten? Mission Impossible. Sogar McGyver würde sich in dieser Versuchsanordnung schließlich resigniert eine Sardinendose aufzangen.

Aber ich wollte eigentlich etwas ganz anderes erzählen. Von Dr. Robert. Und wie ich mich bei seiner Dinnerparty radikalfeministisch blamiert habe. Die Bruno-Geschichte sollte nur die Einleitung sein; hey, Boss, ich brauch mehr Platz.

What Women Want

Bruno hat beschlossen, politisch zu werden, und er beginnt mit einer Frage: „Der Tag der Arbeit", fragt Bruno, „ist das jetzt am ersten oder am zweiten Mai?", und natürlich macht mich das komplett narrisch und ich brüll, auf welchem Planeten er eigentlich lebt, und dass so was echt nur ein Schweizer fragen kann. Obwohl, Dr. Robert würde so was nicht fragen, obwohl er auch ein Schweizer ist.

Dr. Robert, das ist der, vor dem mich nicht nur Haemmerli gewarnt hat. Ich weiß jetzt warum, weil sich nämlich Dr. Robert nicht wie ein Schweizer benimmt. Er schaut, baggert und unterhält sich nicht wie ein Schweizer, er ist direkt, wenig dezent, neugierig und streitbar, weshalb er vielen andern Schweizern suspekt ist. Mir aber nicht, weil im Prinzip verhält Dr. Robert sich einfach bloß wie ein ganz normaler Wiener, ein mir überaus vertrautes Modell, mit dem ich mühelos zurechtkomme. Jedenfalls besser als mit dem Modell Zürcher, auch wenn ich euren geheimen Codex allmählich durchschaue, Zwinglianer, nicht zuletzt, weil eure Botschaft ja eh in jedem Tram affichiert ist: Selbstkontrolle.

Das mit Dr. Robert jedenfalls hat vielleicht damit zu tun, dass Dr. Robert Jude ist und einen vergebenden Gott zugeteilt bekam, der das Fragen zur Pflicht macht. Im Prinzip lehne ich ja alle Religionen gleichermaßen ab, und dass ich die jüdisch-katholische Mischpoche in Wien vermisse, ist mir erst klar geworden, als ichs mit den Zwinglianern und anderen Protestanten zu tun kriegte. Selbstkontrolle! Bloß nicht zu neugierig sein und sich auf gar keinen Fall irgendwie gehen lassen, weil das ganz gewiss schon im Diesseits mit Steuererhöhungen, verregneten Sommern, Lärm vorm Schlafzimmerfenster, EU-Beitritt, ledigen Kindern, erhöhtem Transitaufkommen und anderen drakonischen Strafen vergolten wird.

Mizzi und ich sind jedenfalls überzeugt, dass politisch interessierte Männer die besseren Liebhaber sind als unpolitische, und Bruno glaubt das jetzt auch. Vor allem glaubt Bruno, dass sie leichter an die Weiber rankommen, und zwar, seit er in Paris war, wo er es mit leidenschaftlichen, verwegenen Intellektuellen zu tun bekam. Und zwar mit sexuell ausgeglichenen Intellektuellen, die mit Hingabe die Welt besser debattierten, während ihnen – und das war das Detail, das Bruno primär interessierte – schöne Frauen an den Lippen hingen; erst so, dann so. Das will Bruno jetzt auch, weil er kapiert hat, dass es zwischen seiner von ihm stetig beklagten erotischen Unterversorgung und seiner leidenschaftslosen politischen Desinteressiertheit möglicherweise einen Kausalzusammenhang gibt. Denn was wollen Frauen? Frauen wollen verwegene, mutige, streitbare, hingebungsvolle Männer. Oder, wie Mizzi sagt: So, wie einer diskutiert, so liebt er auch.

Dr. Robert, der die Frauen verehrt, scheint das im Gespür zu haben. Jedenfalls wird bei seinen eleganten Abendessen jeweils engagiert diskutiert, und das finde ich erstens sexy und zweitens überlebenselementar, aber das hat wahrscheinlich damit zu tun, dass ich aus einem Land mit einem politischen System komme, in dem ein Volksvertreter nur schlecht geschlafen zu haben braucht, schon bringt er einen Gesetzesentwurf zur Abschaffung des Dienstags im Nationalrat ein oder etwas ähnlich Dummes, das man dann mühseelig verhindern muss. So was kann hier nicht passieren, schon klar, aber wenn ich diesen CVP-Politiker im TV über Schwangerschaftsabbruch halluzinieren sehe, ist das so was von unsexy … Phh. Ein bisschen Debatte kann den Eidgenossen definitiv nicht schaden.

Ticktackticktack

Wenn ich mit Nachnamen Morf heißen würde, würde ich meinen Sohn Anton nennen und meine Tochter Agnes. Nur weil ich grad an einem Klingelknopf gelesen habe: F. Morf. Verschenkt! Als ich noch jung und hahalustig war, wollte ich entweder den Junkiedoktor Presslich oder Sedlaceks Zahnarzt Dr. Henk heiraten. Weil dann hätte ich meinen Sohn entweder Elvis oder Hank genannt, lustig, haha.

Weil wir grad vom Kinderkriegen sprechen: Ich war eben in Wien, und alle meine Freundinnen sind entweder schwanger oder denken darüber nach, schwanger zu werden, oder versuchen einen Mann zu finden, von dem es sich lohnte, schwanger zu sein. Wir sind alle um die 35 oder ein bisschen darüber und finden das Geschlechterdingsbums gerade unglücklich aufgeteilt. Es ist ja nicht so, dass wir jetzt alle auf der Stelle ein Kind wollen – wir stehen voll im Beruf! und zwar gern! -, es ist nur so, dass wir, falls wir eins wollen, uns das jetzt dann auf der Stelle überlegen sollten. Also müssen. Ja, Männer, ihr habt schon Recht, das macht manche Frauen meines Alters etwas schwierig im Umgang. Frauen meines Alters zeigen manchmal eine gewisse Tendenz zum Krampfigen.. Aber ihr! Ihr habt ja leicht spötteln. Ihr könnt ja bis 80 ein Kindlein ums andere zeugen, während wir zur Familiengründung eine äußerst begrenzte Zeitspanne zur Verfügung haben. Und da wir es uns nicht leisten können, wie Jody Foster einfach einen wohlgestalten Nobelpreisträger aus einer Kartei rauszusuchen, sind wir nun mal auf euch angewiesen.

Apropos Nobelpreisträger. Weil Mizzi und der Prinz, wer sich erinnert, sind wieder richtig zusammen, womit niemand rechnen konnte. Und wie ich grad mit Mizzi bei der zweiten Flasche Wein im „Cinqueterre“ sitze, taucht der Prinz auf, und im nächsten Moment bin ich, wie man in Wien sagt, voll in der Scheißgassn, denn er ist supersauer, weil ich ihn in Zürich als vertrottelten Aristoschmock dargestellt hätte. Irgendeine hier ansässige, mit dem Prinzen befreundete und mir offenbar missgesinnte Person scheint ihm meine Mizzi-Prinz-Geschichte wortwörtlich referiert zu haben. Immerhin bemühte er sich dann redlich, meinem Bild von ihm nicht gerecht zu werden, was seiner Persönlichkeit ausnehmend schmeichelte. Und er und Mizzi wirkten so glücklich, dass ich vielleicht schon mal mit dem Babypatscherlhäkeln anfange.

Ich habe auch Sedlacek getroffen und sofort gesehen, dass er grad in eine sehr junge Dame nachhaltig verschossen sein muss, weil angesichts dieser Frisur würde eine erwachsene umgehend auf die Tür weisen und einen Friseurbesuch befehlen: Und komm nicht zurück, ehe du etwas auf dem Kopf hast, das eines bald Vierzigjährigen würdig ist! Sedlacek hat mir daraufhin erklärt, er gehe jetzt nur noch mit unter 25-Jährigen aus, weil ihr älteren, sagte Sedlacek, seids ja alle ein bisserl kompliziert und verkrampft und so verbissen abschussorientiert.

Mein Langer dagegen ist völlig unerwartet schon mit 38 in die Erwachsenenphase eingetreten und hat unter Alkoholeinfluss an einer Party erklärt, er könne sich nun vorstellen, Vater zu werden. Und da er das bisher kategorisch ausschloss, mutmaßen jetzt alle, er sei von den Tatsachen gezwungen, sich vorstellen zu können, Vater zu werden, und gestern krieg ich von Pia ein spitzes E-Mail: Hast du mir was zu erzählen? Und mir fällt echt nichts ein, außer dass ich ÄRGER-Sascha, wer sich erinnert, nicht angerufen habe, aber er mich, und dann waren wir im „Ginger“ Sushi essen, und wie sich dann herausstellte, ist Sascha ein netter Schweizer, aber das Sushi war hervorragend. Aber das hat Pia nicht gemeint. Und weil sich jetzt auch noch Fritzi und Moni und Nicole hintenrum erkundigt haben: Nein, sakra, ich bin nicht schwanger. Aber sollte ich je einen Sohn haben, wird er garantiert nicht Ruprecht heißen.

Wo Frauen winseln

Weil ich noch nie dort war, hat mich Dr. Robert letzten Samstag nach „Almost Famous“ und einer kurzen, aber atemberaubenden Unterredung mit einem neuen Türsteher in die „Kaufleuten“-Lounge geschoben. Da, schau dich um, hübsch nicht, magst du einen Apfel?, aber ich wollte keinen Apfel, sondern einen sehr, sehr trockenen Martini, doch bevor ich einen bestellen konnte, schob Dr. Robert mich wieder raus, scheuchte mich um die Ecke, drängte ins Restaurant – hübsch, nicht? – und platzierte mich inmitten einer Gesellschaft aus freundlichen und überwiegend sehr blonden Menschen. Wie sag ichs so, dass Dr. Robert danach noch mit mir spricht? Denn wie ich erleben durfte, verkehrt Dr. Robert auch in Kreisen, in denen es als unsportlich gilt, in einer Unterhaltung den Verstand zu benutzen, wenn alle anderen nur mit ihren Implantaten und Waschbrettbäuchen antreten. Wer einen Satz mit mehr als vier Worten fehlerfrei formuliert, macht sich verdächtig, ein Intellektueller zu sein, und das bedeutet dort: Hat keinen Sex, kriegt keine Modeljobs, kann nicht tanzen, kommt ohne Dr. Robert nicht ins „Kaufleuten“ rein und muss deshalb über langweilige und komplizierte Sachen nachdenken. Wobei ich erwähnen sollte, dass Sedlacek in Wien der Einzige ist, der mich für eine Intellektuelle hält; einer der Gründe, weshalb ich seine Gegenwart schätze.

Aber um ein Uhr früh gab es eine Art Gottesbeweis, denn als Dr. Robert gerade versuchte, unter die Bluse eines darob stark enthusiasmierten Partygirls mit aufgespritzten Lippen zu kriechen, hat Haemmerli mich da rausgeholt. Haemmerli rief mich an und verlangte, dass ich sofort in der Hohlstraße 489 erscheine – „VIERHUNDERTNEUNUNDACHTZIG!!!", schrie Haemmerli in sein Handy, „WIE DIE FRANZÖSISCHE REVOLUTION NUR MIT VIER STATT SIEBEN UND OHNE EINS!". Und während Haemmerli von seinem Taxifahrer beim alkoholbedingten Versuch erwischt wurde, ihn um zehn Stutz zu bescheißen, sank ich im „Kaufleuten"-Restaurant auf die Knie und dankte Gott dafür, dass er Haemmerli erschaffen und ihm ein Hirn und ein Handy zugeteilt hat. Wie die Französische Revolution nur mit vier statt sieben und ohne eins. Wie klug, wie simpel, wie süß. Okay, dass ich auf die Knie gefallen bin, ist erfunden, aber ich machte etwas mit meinen Beinen, nämlich einen Abgang.

Auf 489 war Party. Und es gibt eigentlich nicht viel darüber zu berichten, außer, dass die Musik gut und es total angenehm war, dort einfach nur rumzustehen und mit Haemmerli und ein paar anderen unprätentiösen Hirnmenschen Bier aus der Flasche zu trinken. Zwei Tage später saß ich mit Haemmerli und Philipp Anz und einem Freund von Philipp im „Solito Posto", wir aßen hauchdünne Pizze und tranken Rotwein, debattierten über die Repolitisierung der Popkultur, und wissen Sie, so wohl hab ich mich in Zürich selten gefühlt.

Und danach gingen Haemmerli und ich ins „Acapulco", wo DJ Hildebrandt einfach nicht kapieren wollte, dass man, wenn man ein umschwärmter Bar-DJ sein will, für die Frauen auflegen muss. NUR für die Frauen. Frauen gelten bei DJs ja generell als völlig inkompetentes Publikum, aber wenn die Frauen gelangweilt abmarschieren, gehen die Männer auch, und dann kann der DJ seinen drei besten Kumpels und zwei gähnenden Bardamen beweisen, dass er ein toller Hecht mit einer überaus originellen Plattensammlung ist. Wenn ich hier mal aus dem Nähkästchen meines Langen plaudern darf, der von Wiener Bar-Wirten gern zum Plattenauflegen engagiert wird: Der verlässt das Haus nie ohne mindestens drei Al-Green-, zwei O.-V.-Wright- und zwei Solomon-Burke-Alben (er nennt das „Büchsenöffner-Musik"), und ich hab mit eigenen Augen gesehn, wie die Frauen vor dem DJ-Pult auf dem

Bauch lagen und nach mehr winselten. Und wo Frauen winseln, sind auch Männer gern.

Und zack aufgehört

Schließlich schrie der Lange, dass es verdammt!noch!mal! jetzt aber genug sei. Rauch dir um Himmels willen endlich eine an!! Und ich tat es. Ich tat es heulend und voller Selbstverachtung, aber ich tat es, und das Nikotin fetzte durch meinen Organismus wie eine Rakete, und ich hasste mich, und es war fantastisch. Der Lange hat mich in den Arm genommen, und dann kam Kathi und tröstete mich auch, und dann hat der Lange uns Pasta mit einer wunderbaren Arrabiatasauce gekocht, und wir saßen auf meinem Balkon, und ich rauchte noch eine, und alles war wieder gut. Ich hatte zum Beispiel noch eine Beziehung. Und die hätte Alan Carr beinahe ruiniert.

Weil ich will mit dem Rauchen aufhören. 20 Jahre sind genug. Und Haemmerli hat auch gesagt, Knehecht, das mit deiner Figur hast du hübsch hingekriegt, jetzt müssen wir dich nur noch vom Nikotin wegbringen. Und das weiß ich ja selber, dass das nicht gut ist, diese 40 bis 60 bis 80 Zigaretten am Tag, je nach Schreibkrisenintensität, und ich finde zudem, dass es ungünstig aussieht, und mein Arzt hat auch gesagt, wirklich, Frau Knecht, und ich soll doch mal dieses Buch von Alan Carr lesen, „Endlich Nichtraucher". Ehrlich gesagt, hatte ich das Buch schon lange in Wien in dem niedrigen Zeitschriftenregal neben der Terrassentür liegen, weil bei Pia hats funktioniert, die hats gelesen und zack aufgehört, und da hab ich es auch gekauft und dann nicht gelesen. Und jetzt hab ich dem Langen, bevor er letztes Mal nach Zürich kam, gesagt, bring mir doch bitte das rosa Sommerkleid mit, ja, das schmale, das aussieht wie ein Sitzbezug im Hotel „Sacher" und meinen voll gekritzelten „Zauberberg" und, ach ja, den Alan

Carr, der liegt in dem niedrigen Zeitschriftenregal neben der Terrassentür. Und weil es natürlich sofort zu regnen anfing, als der Lange hier ankam, sind wir den ganzen Tag im Bett gelegen, und ich hab den Carr ain einem Zug sozusagen inhaliert. Und es klang alles so einleuchtend, und schon am nächsten Morgen um 7.40 zelebrierte ich meine letzte Zigarette, gerade so, wie Carr rät. Und dann hab ich einen Tag, zwei, drei Tage – 60 volle Stunden lang – nicht geraucht, das hab ich in den ganzen 20 Jahren nicht geschafft, nicht mal als ich einst mit gerissenen Bändern im Krankenhaus lag.

Und wissen Sie, es lief bestens. Ich hab von den 60 Stunden kaum 61 ans Rauchen gedacht, und ich hatte nur sechs oder sieben winzigste Nervenzusammenbrüche, und man muss ja nicht immer schreiben können, oder? Die meisten Leute können nicht schreiben und leben damit sehr gut, und ich hätte wahrscheinlich auch so die gesamten Salznüsslibestände der „Xtra-Bar" zusammengefressen sowie alles, was in meinem Kühlschrank nicht länger als drei Wochen abgelaufen war. Ich hab mich auch, genau wie Alan Carr empfiehlt, tapfer gefreut, dass ich jetzt Nichtraucher bin. Aber irgendwie ging es dann doch schief. Weil am Samstag sind der Lange und ich auf meinem Dach in der Sonne gelegen und haben gefrühstückt und bisschen Prosecco getrunken und dann bisschen Weißwein, und gegen halb fünf hat der Lange versehentlich ein Loch in meine Luftmatratze gemacht. Und ich bin völlig ausgerastet und hab geheult, dass er immer meine Sachen kaputtmacht, IMMER!, ein riesen Rotweinfleck auf dem weißen Wiener Sofa, ein Kaffeefleck auf dem beigen Zürcher Sofa, die Waschmaschine: kaputt!, die Glastür zur Küche: kaputt!, alles kaputt!!, und ich kanns dem Langen nicht verdenken, wenn er dann gedacht hat, dass zehn Jahre mit einer Radikal-Hysterikerin eigentlich viel sind, und er sieht doch noch ganz gut aus, und es gibt auf der Welt auch viele hübsche weniger durchgeknallte Weiber.

Aber er hat zum Glück nur einen Feuerbefehl erteilt – Rauchen!!! Sofort!!! – und mir dann die Selbstverachtung weggetröstet. Und aufhören werd ich noch, doch, Haemmerli, sicher. Vielleicht nicht gerade, während der Lange in Zürich ist.

Wien im Sommer

Sie stören meine Kontemplation empfindlich, Leserschaft. Ich bin völlig ausgelastet mit Hollywoodschaukeln, dem Austüfteln von Strategien gegen die Angriffe von Dickmaulrüssler und Mehltau auf die Balkontomaten und damit, für Haemmerli, The Unstoppable Dancing Machine, ein Lokal zu finden, in dem er noch keine Nacht vertanzt hat.

Ich bin gerade in Wien; Haemmerli auch. Das kam so, dass ich gesagt habe, Haemmerli, ich bin im Juli ein paar Wochen in Wien, magst nicht mal (mit „mal“ meinte ich ein Wochenende oder so) vorbeikommen?, und Haemmerli hat gesagt, prima!, da kann er den Doderer gleich an Originalschauplätzen lesen. Jetzt hat aber Heimito von Doderers „Strudlhofstiege“ 909 Seiten, das lese nicht mal ich an einem Wochenende, und wenn ich mal lese, lese ich Amok: Was allerdings jeweils dazu führt, dass ich alles vergesse, was ich gelesen habe, und zwar wirklich alles: Handlung, handelnde Personen, Ort der Handlung, und ich stehe dann in zufälligen Versammlungen literarischer Schlaumeier immer wie ein ausgemachte Betrügerin da. Unschön.

Nun habe aber selbst ich an der „Strudlhofstiege“ zwei oder drei Wochen gelesen, was mich völlig korrekt ahnen ließ, was Haemmerli gleich ankündigen würde, nämlich seine Absicht, so zwei, drei Wochen zu bleiben. Ich bin etwas erschrocken, weil ich mir ziemlich sicher war, dass mein Wiener Langer es mäßig schätzen würde, wenn ich ihm so zwei, drei Wochen lang einen Haemmerli ins Gästezimmer unserer raren, kostbaren Zweisamkeit pflanze. Aber da Pias Wiener Wohnung infolge von Pias vorübergehender Desertation glücklicherweise gerade leer steht, verschläft Haemmerli jetzt die Tage in Pias Bett, radelt nachts auf Pias Velo von Tanzlokal zu Tanzlokal, sieht sich im Morgengrauen Pias lückenlose „Sopranos"-Kollektion auf Video an und hat vom Doderer, soweit ich weiß, noch keine Zeile gelesen.

Und, ach ja, der Lange und er verstehen sich prächtig und verbringen erstaunlich viel Zeit miteinander. Zum Beispiel bei den „Zwei Liesln", wo sich der Lange, der ziemlich mächtig ist, daran ergötzt, wie sich Haemmerli angesichts der endlosen Weiten des Wiener Schnitzels unvermittelt in die Rolle Napoleons angesichts Russlands versetzt sieht. Allerdings bezwang Haemmerli, der zähe Hund, gut zwei Drittel seines Schnitzels, derweil der Lange schon sieben Bissen früher seine Kapitulation erklären musste. Woran Männer sich halt so messen, wenn sie unter sich sind.

Immerhin besser als andere Rivalitäten, die ich langerseits befürchtete; unbegründet, wie sich zeigte. Denn als ich dem Langen erst vorsichtig nahe brachte, dass, ähm, übrigens, dieser Haemmerli, du weißt schon, der, der mich in Zürich immer in diese merkwürdigen Lokale zerrt, also dieser Haemmerli kommt ein wenig nach Wien, für so, na ja, zwei, drei Wochen, da sagte der Lange: Assssoo?, mit einem Unterton, der seine enden wollende Begeisterung über mir nachreisende Zürcher Männer unmissverständlich illustrierte. Aber als Haemmerli dann eines Abends mit seinem Rollköfferchen im „rhiz" erschien, wo der Lange und ich gerade Spritzer tranken, kamen sie überraschenderweise gleich miteinander aus. Und nach kurzem Beschnuppern verfielen sie umgehend in eine literarische Schlaumeier-Unterhaltung über Tom Wolfes „Ein ganzer Kerl", im Laufe derer ich prompt unter unschönen Betrugs-Verdacht geriet. Doch, ich HAB das gelesen! Die Hauptfigur heißt … irgendwas mit C. Es geht um … ach, lassen Sie mich doch in Ruhe. Ich muss mich um die Tomaten kümmern.

Schwanzwedeln

Sedlacek überrascht mich mit der Nachricht, er könne jetzt nicht weitertelefonieren, sein Hund sei aufgewacht und müsse gestreichelt werden. Ich sage, haaalt, Sedlacek, Moooooment!! Hast du eben gesagt: MEIN Hund??? Ja, ich hab gesagt MEIN Hund, sagt Sedlacek, und ich sage, Sedlacek, seit wann hast du bitte schön einen Hund?, und Sedlacek sagt, seit drei Wochen.

Mir wird klar, dass ich den Mann in letzter Zeit etwas vernachlässigt habe. Wenn man es Vernachlässigung nennen will, morgens um vier das Handy nicht zu hören und anderntags Combox-Nachrichten des Inhalts: Heb ab du ffffffffeige Gguh! zu ignorieren. Die Versuche, Sedlacek zu erklären, dass die Nichtbeantwortung seiner nächtlichen Anrufe ausschließlich regenerationstechnische Gründe hat, habe ich wegen anhaltender Erfolglosigkeit eingestellt. Seit mein Wecker wieder funktioniert, bin ich davon erlöst, nachts meine bruchstückhaften küchenpsychologischen Kenntnisse an Sedlacek zu verfeinern: Um diese Zeit droht Sedlacek nämlich entweder sich das Leben zu nehmen, in dem er von einer Klippe springt (in Sedlaceks Wiener Wohngegend ist das Klippenaufkommen relativ übersichtlich). Oder er erklärt mir, er sei Gott beziehungsweise der Dämon, so oder so werde er morgen gegen neun die Weltherrschaft übernehmen und es diesen ganzen Lulus endlich mal richtig … Schlaf, Sedlacek, bitte. Schlaf!

Sedlaceks neues Hundebesitzerdasein aber alarmiert mich: Ist der Mann einsamer, als ich dachte? Ich sage: Sedlacek, ich habe deine Zimmerpflanzen gesehen, sie sind ein Fall für den Internationalen Pflanzenrechtsgerichtshof, willst du mir wirklich erzählen, dass du seit drei Wochen einen lebenden Organismus in deiner Obhut hast, und er zeigt noch immer Anzeichen von Vitalität? Also, du bist sicher, dass der Hund atmet? Ja, verdammt, sagt Sedlacek, jetzt glaubs halt!, und dann höre ich tatsächlich Gebell und stehe nicht an, meiner Rührung über Sedlacks überraschende Anwandlung von Fürsorglichkeit gegenüber einer Kreatur, die nicht Sedlacek ist, angemessenen Ausdruck zu verleihen. Das ist exakt der Moment, in dem Sedlacek gackert und sagt: Da schau her, Knechtin, sogar bei dir funktioniert es. Funktioniert WAS?

Zwar hat sich Sedlacek, wie ich nun erfahre, den Hund durchaus zur Kompensation eines emotionalen Defizits zugelegt, aber ein bisschen anders. Eines Abends ist Sedlacek nämlich an der Heldenplatzwiese vorbeigekommen, wo sein Blick auf ein Rudel tollender Hunde fiel, sowie auf viele Herrchen, die in angeregte Gespräche mit Frauchen vertieft waren, darunter viele jung, hübsch und damit beschäftigt, die Herrchen-Hunde mit Hingabe abzugreifen. Da sei ihm klar geworden, sagt Sedlacek, dass die Bereitschaft eines Mannes, ein Lebewesen zu betreuen, bei Frauen eine natürliche Zuneigung auslöse. Und, sagt Sedlacek, vom Streicheln eines, sagen wir mal, einen Meter hohen Hundes ist es luftlinienmäßig nicht weit zum … Ich sage, bitte, Sedlacek, sprich nicht weiter. Und mein Hund, grinst Sedlacek, ist ein Irish Setter, der wird einen guten Meter hoch, aber jetzt ist er noch klein, da müssen sie sich runterbeugen, auch nicht übel, und weißt eh, Babyeffekt, sagt Sedlacek, da werden Weiber verlässlich schwach, und dass er jetzt jeden Abend mit Hundchen auf die Hundewiese geht und bereits vier Telefonnummern von hübschen Frauchen in seiner Agenda hat; Uschi (Mops), Fini (Windhund), Maggie (Spaniel) und Joe (Dalmatiner) und die Maggie, sagt Sedlacek, sakrament, so zutraulich und solchene Tutteln! Das ist der Moment, in dem ich Sedlacek mit ein paar Kraftausdrücken vertraut machen will, aber von animalischem Gekreisch übertönt werde, welchem ich entnehme, dass Hundchen eben auf Sedlaceks Flokati gekackt hat, danke, es gibt doch eine Gerechtigkeit auf der Welt.

Zurück in die Zukunft

Ossi sagt, dass es echt keine Sau interessiert, wie ich meine Abende verbringe und wo Haemmerli Ferien macht, und überhaupt, sagt Ossi, du schreibst ja permanent nur noch über diese inzestuöse Medienfutzipartie, und dass die mit dem richtigen Leben da draußen ja wohl so was von nichts zu tun habe. Wobei mich mal interessieren würde, woher Ossi, eingetragenes Mitglied im Medienfutziclub, etwas über das richtige Leben da draußen wissen will. Ossi be…, aber wo hab ich schon wieder meine Manieren! Darf ich vorstellen: Ossi – Leserschaft. Leserschaft – Ossi. Ossi nämlich bezieht hiermit sozusagen ein Zimmerchen in dieser Kolumne, und zwar, weil ich demnächst zwei Zimmerchen in Ossis Wohnung beziehen werde.

Die Idee entstand ziemlich genau in dem Augenblick, als die Verwalterin meines Kontominusses eben ansetzen wollte, meine Kreditkarten mit einer Schere neu zu designen. Ossi fand die Idee aus gleichfalls pekuniären Gründen sofort gut, aber zwischenzeitlich dürfte ihm aufgegangen sein, dass die kolumnistischen Verwertungsrechte seines lebensfrohen und mitteilsamen Wesens in meinem Mietzins gewissermaßen inkludiert sind. Ossi sorgt sich; er befürchtet, seine Performance hier könnte seinen Ruf vollends ruinieren, und der ist schon dadurch stark angekränkelt, dass er ein Wohngemeinschaftsverhältnis mit einer Frau eingeht, die von einem entscheidenden Teil seiner Kumpels für eine blöde Schnepfe gehalten wird. In einer WG mit DER?

Stimmt schon, heute trage ich Schnepfenschuhe und Chanel-Lippenstift und schreibe Schnepfenkolumnen. Aber früher, auch wenn Sies nicht glauben, hab ich in einer WG mit sieben Leuten, einer degenerierten Maus und 300 leeren Flaschen gewohnt, hatte eine Stachelfrisur, trug kaputte Converse-Turnschuhe, zerfetzte Jeans, von Gaffer-Tape zusammengehaltene Bomberjacken und nieniemals Make-up, und wir hatten eine miserable, aber sehr laute Punkband, machten Piratenradio, veranstalteten Hardcorekonzerte, kopierten Fanzines, verkauften Bootlegs, prügelten uns mit Skinheads, hörten Fugazi und Dead Kennedys und Bikini Kill, und am Küchentisch unterm Sex-Pistols-Poster diskutierten nie weniger als fünf Gäste über Punk, Politik und Piraterie, und bezüglich unseres Drogenkonsums nehme ich das Recht zu schweigen in Anspruch. Wir waren eine richtig schöne kleine Do-it-yourself-Republik, es war sehr romantisch. Bloß wurde es dann den Nachbarn unter uns lästig, dass ihnen ständig die Glühbirnen explodierten, wenn wir oben in unserer Wohnung das geklaute Feuerholz zerhackten; und wir wurden delogiert.

Nur deshalb zog ich – nur vorübergehend, haha – zum Langen und hatte gleich am ersten Tag ein X-Akten-relevantes Erlebnis, als ich entdeckte, dass das Jogurt, das ich am Morgen in den Kühlschrank gestellt hatte, am Abend noch da war. Boah. In diesem Moment hatte mich das Establishment am Schlawittchen, und als ich mich zum ersten Mal dabei ertappte, wie ich den Boden wischte, ohne dass Elternbesuch drohte, wusste ich, dass ich für die Revolution verloren bin. Und eh ichs versah, hatte ich ein festes Einkommen und Schnepfenschuhe an den Füßen.

In einer WG habe ich nie wieder gewohnt, weshalb das mit Ossi jetzt ein interessanter Flashback werden könnte. Aber eine WG ist ja heutzutage nicht mehr, was sie mal war, da gibt es wöchentlich erscheinende Reinemachfrauen, weiße Sofas, sortenreines Tafelgeschirr und eigens designte Schnepfenschuhabstellplätze. Hedonisten-Harmonie statt rebellischer Romantik, sozusagen. Apropos Harmonie, weil für deren Garantie wird Ossi noch einen Vertrag unterschreiben müssen, der es ihm streng untersagt, mich vor der dritten Tasse Kaffee auch nur anzusehen. Aber das interessiert jetzt wahrscheinlich wieder keine Sau.

So lebe ich

Das ist nicht meine Woche. Zuerst vergeige ich das Interview mit Blumfeld, was umso schlimmer ist, als ich Blumfeld für eine tolle Band halte, ihr Album „L'État et Moi" für ein Meisterwerk, ihr neues „Testament der Angst" für zumindest phänomenologisch hochaktuell und Jochen Distelmeyer für einen Wunderknaben, aber es ist einfach zwecklos, weil ich mit Distelmeyer über etwas reden will, über das Distelmeyer nicht reden will, jedenfalls nicht mit mir, was ich sogar verstehe, aber einen Plan B habe ich nicht, bravo.

Am Abend erklärt mir Bruno, Zürich sei zweifellos eine der internationalsten und multikulturellsten Städte Europas, das sehe man daran, dass so viele Schweizer mit Thailänderinnen verheiratet seien. Himmel. Natürlich gerate ich beim Formulieren meiner zwei, drei Einwände etwas in Wallung und muss mich mit bisschen Bordeaux und bisschen Calvados beruhigen, gerate beim Heimradeln in die Tramschienen, kippe samt Velo um und krache in einen dieser verdammten Zürisäcke. Gopf! Es hängen ja hier überall diese gelben Transparente „Willkommen in Zürich" rum, eine gefährliche Drohung, wenn man die Maßregelungen auf den zugehörigen Plakaten kennt. Dass man nach 20 Uhr auf der Straße bloß nicht lacht! Dass man ja kein Kaugummipapierli fallen lässt! Und dann ist diese ach so propere Stadt zwei Mal die Woche komplett zugemüllt. Diese idiotische Zürcher Abfallwirtschaft führt zum Beispiel dazu, dass ich zum ersten Mal seit den frühen Achtzigerjahren wieder heimlich Glasflaschen und Papier in den Müllsack stopfe. Weil hier ist der nächste Glascontainer immer mindestens zwei Kilometer entfernt. Und diese Altpapierbündelei!

Ja, hab ich denn nichts Besseres zu tun, als alte Zeitungen Kante auf Kante zu verschnüren? Hab ich wohl. Und meine Ex-Nachbarn auch, das wurde klar, als ich meine alte Wohnung an die Hausverwaltung übergab und feststellte, dass irgendwelche Trottel mein unbenutztes Kellerabteil in eine Papiermüllhalde umgewidmet haben, und jetzt kann ich 200 Franken für die Kellerräumung brennen, danke herzlich.

Ich bin ja zu Ossi gezogen. Und wie ich heute früh in die Küche hinke, muss ich mich erst mal schützend über meine Filterkaffeemaschine werfen. Ossi beäugt sie nämlich gerade mit seinem Das-muss-weg-Blick. Ossi findet meine Kaffeemaschine plump und in seiner – jetzt unserer – Küche wenig dekorativ. Ossi äußert die Ansicht, ich solle auf Kaffee verzichten und wenn nicht, dann gefälligst auf Espresso umstellen, das sei günstiger für die Optik seiner – unserer! – Küche, und außerdem finde er Filterkaffee so deutsch, und er habe Deutschland, sagt Ossi, schließlich nicht verlassen, um dann jeden Tag in seiner – unserer, Ossi, unserer! – Küche von den Insignien deutscher Unkultur gepeinigt zu werden, und würdest du, bitte!, auch diese fiesen Ikea-Tischchen da wieder aus meinem – un!se!rem!!! – Wohnzimmer entfernen?

Anzumerken ist, dass mein Großbildfernseher Ossis Gespür für Ästhetik nicht belästigt. Wohl weil ein derartiges Gerät mit meinem Vormieter aus Ossis Leben verschwunden ist, weshalb Ossi bereits mehrere deutsche Viertligaspiele verpasst hat, was ihn stark betrübt – wunderlicherweise harmoniert Ossis Leidenschaft für deutschen Fußball mit seiner ansonsten strikt kontragermanischen Haltung. Ich biete Ossi an, meine Kaffeemaschine hinter einem kleinen, von Helmut Lang gehäkelten Vorhang zu verbergen, was Ossi spitze findet. Das war ein Witz, Mann! Denn, Ossi, wenn ich eben mal aus Blumfelds „Anders als glücklich“ zitieren darf: Jetzt heißt es tapfer sein. Die Kaffeemaschine bleibt, wo sie ist. Sonst lebt der Fernseher mit mir in meinem Zimmer.

Dirty old vorgestern

Mizzis Vergangenheit fummelt gerade mit schmutzigen Fingern in Mizzis aktueller Idylle rum, oder sagen wir: Semi-Idylle, aber mehr erwarten realistische Frauen unseres Alters ja nicht. Bei der Idylle handelt es sich um eine geräumige Wiener Altbauwohnung, die von Mizzi, Mizzis siebenjähriger Tochter und einer böhmischen Mietoma bewohnt wird, beim Semi, um den 60-Stunden-Job, den Mizzi ausübt, damit sie die böhmische Mietoma bezahlen kann, damit sie auf die Tochter aufpasst, während Mizzi ihren 60-Stunden-Job ausübt. Und gut, ein bisserl was geht auch für ein Paar Miu-Miu-Schläpperli hie und da und ein Gaultier-Fetzchen dann und wann drauf – womit moderne Frauen ihre Semi-Idyllen halt so ausstatten, besonders wenn deren Stabilität nicht unwesentlich von unberechenbaren Liebhabern abhängig ist, wo man jetzt einmal sagen muss: Ein Miu-Miu-Schläpperli bleibt einem oft länger. Und es verdreht nicht genervt die Augen, wenn man über die Zukunft reden will. Und es hat auch nicht am Samstagabend schon was vor. Wo waren wir?

Mizzis Vergangenheit, genau. Es geht darum, Zürcher, dass ihr den 12. Dezember im Kalender rot anstreicht und euch schon jetzt überlegt, wie ihr an diesem Tag Mizzi glücklich machen könntet. Ich würde vorschlagen: „Alles wird gut, Mizzi!“-Transparente an den zentralen Plätzen und „Verklag den Trottel, Mizzi!“-Leuchtschriften auf den höheren Gebäuden der Stadt. Eine kleine Demo mit „Dieeeeese!-Eeeeehe!-Hält!-Kein!-Jahr!!“-Sprechchören in der Bahnhofstraße wäre auch okay. Und Gratis-Gin Tonic ab drei am Nachmittag. Denn Mizzi flüchtet an diesem Tag nach Zürich, um alles zu vergessen. Speziell, dass ihr vermaldedeiter Ex heiratet.

Jetzt ist es nicht so, dass der Ex in Mizzis Gefühlshaushalt noch ein Sesselchen besäße, nein, das wurde schon vor Jahren ohne großes Gezeter hinausgeräumt. Aber der Ex ist einwandfrei der Vater von Mizzis Tochter, und so was verbindet, wenn auch mehr therotisch, denn praktisch hat der Ex als Berufsbezeichnung „Lebemann" in seinem Pass stehen, ein bekanntlich unterdurchschnittlich bezahlter Job. Und Mizzi erwähnt ihrem Ex gegenüber zwar hin und wieder das Wort „Alimente", aber wo nichts ist, wollte Mizzi, die hirnverbrannte Dummkuh, nicht noch was wegnehmen, wohl auch deshalb, weil Mizzi die Entscheidung, dieses Kind in die Welt zu setzen, ganz alleine traf, nämlich auf dem Operationstisch einer Abtreibungsklinik. Dem sie daraufhin behende enthüpfte, um den im Warteraum harrenden Noch-nicht-Ex damit zu überraschen, dass er Vater werde, worauf dieser die Frage äußerte, ob Mizzi und er sich nicht erst ein bisschen besser kennen lernen sollten? Schließlich waren Mizzi und er zu dem Zeitpunkt erst elf Jahre lang zusammen. Bald darauf warf der Noch-nicht-Ex seine beiden Präpositionen ab und überließ fortan den Großteil der emotionalen und die gesamte finanzielle Versorgung des Kindeleins großzügig Mizzi.

Und jetzt geht dieser Ex hin und ehelicht eine blonde 23-jährige Supererbin, zieht in ein Schloss und erklärt Mizzi, es tue ihm Leid, diesen Monat sei leider wieder nichts mit Unterhalt, er sei grad knapp bei Kasse, Mizzi habe ja keine Ahnung, wie anspruchsvoll die jungen Mädchen heutzutage bei den Verlobungsringen seien. Mizzi schäumt, Mizzi tobt, Mizzi ist auss…

Mizzi hat grad angerufen: Der Ex hat angerufen. Der Ex hat geweint. Der Ex hat gesagt, er habe grad alle ihre Briefe von damals gelesen, und er wisse jetzt, dass er SIE, Mizzi!, hätte heiraten sollen! Die Frau seines Lebens! Mizzi fragt, ob ich es für möglich halte, dass sie unbemerkt gestorben und in einer Soapopera auferstanden ist? Gibts denn sowas?

Jedenfalls: Danke, liebe Zürcher, wir brauchen die Sprechchöre doch nicht. Halt!, nicht so eilig, den Gratis-Gin Tonic nehmen wir gern.

Im Irrentrakt

Ich bin unzufrieden, mit allem, vor allem mit mir, weil ich seit Wochen keinen geraden Satz und keine halbwegs intelligente Kolumne zusammenkriege und mich quasi als Ausgleich dafür Länge mal Breite im Fernsehen blamiere, obwohl ich genau weiß, dass ich Fernsehen nicht kann, weil im Fernsehen immer nur 30 Prozent meines Gehirns funktionieren, und zwar die 30 Prozent, die für dämliches Gegrinse und oberflächliches Gestammel zuständig sind. Aber schreiben kann ich gerade auch nicht.

Dabei erlebe ich fleißig! Ich erlebe derart tüchtig, dass mich Kollege Teuwsen in seiner väterlichen Art zur Seite nimmt und fragt, ob das mit dem vielen Feiern wirklich sein muss, wo ich natürlich frage, was für eine Frage. Das steht sozusagen in meiner Job-Description. Ich bin hier der Weirdo vom Dienst und muss quasi repräsentativ für alle zu viel trinken, mich schlecht benehmen und mich dann auf die eine oder andere Art total blamieren, damit Sie sich besser fühlen und was zu lachen haben, denn wie ich für Ossi und mich Nudeln mit Fertig-Pesto koche und dann vor dem TV sitze und Tee trinke, finden Sie vermutlich subspannend; so was können Sie selber auch, gähn und tschüss.

Weshalb Sie wahrscheinlich lieber lesen würden, wie ich kürzlich mit meiner kleinen Schwester, Wolf Prix von Coop Himmelblau, Kathi, Rosi, noch ein paar Freunden und einem sonnigen Künstler im Strip-Thai speiste, wo der Herr Künstler sich grinsend erbötig zeigte, mir jenen Teil meiner TV-Blamage gut vergrößert auszudrucken, in dem unterhalb meines blöden Gegrinses „… ist keine Radikal-Feministin“

eingeblendet war, eine derartige Beglaubigung meiner Harmlosigkeit müsse, meinte er, unbedingt riesengroß über meinem Sofa hängen. Haha. Dann betrachtete er meine Schwester und sagte: Die ist aber viel, viel jünger als du, oder?, worauf ich mein Antlitz im Menü 47 versenkte und leise in den Reishügel schluchzte, weil meine Schwester genau 2 Jahre und 13 Tage nach mir geboren wurde … Jaaaaaa. Das fänden Sie lustig, gell? Und genau das erzähle ich Ihnen zur Strafe nicht. Ich mach mich schon so genug zum Deppen.

Ich glaube, das fand auch meine Schwester, als sie bei mir auf Besuch war. Und ich stellte mal wieder fest, dass die Realität ein geräumiges Anwesen ist. Denn in jenem Flügel der Realität, in dem ich mit meinen Freunden hause, gelte ich als einigermaßen normal, einfach, weil alle ungefähr so sind wie ich. Und wir gehen aus reiner Gewohnheit davon aus, dass unsere Realität die Einzige ist. Aber wenn ich dann mal zufällig in jene Räume der Realität gerate, die von meiner Schwester, meiner anderen Schwester, ihren Gatten, ihren Kindern, ihren Nachbarn und ihren Freunden bewohnt werden: Dort hält man mich für ziemlich bizarr. Zart irre. Bisschen krank. Weil: Wie kann man so leben? Wie kann man nur so oft ausgehen? (Meine Schwester, raucht nicht, trinkt nicht und war im vergangenen Dezember zum letzten Mal abends aus; ich meine, da ist es einfach, viel, viel jünger auszusehen als ich…) Welchen Sinn soll es haben, in der „Haiti-Bar" bis halb vier Uhr früh Gin-Tonics zu trinken, anstatt zweihundert Meter weiter die Wohnungsmiete abzuschlafen? Was sind das für Menschen, die in Lokalen speisen, in denen während des Essens gestrippt wird? Ich. Die meisten meiner Freunde. Und wir hier, im Narrentrakt, fragen uns natürlich, wie man das Leben überlebt, wenn man das alles niemals tut.

Es habe ihr bei mir in Zürich gefallen, schrieb meine Schwester Tage später in ein Mail. Sie fand es lustig im Strip-Thai mit meinen Freunden. Und sie sei sehr gern wieder nach Hause gefahren, zu ihrem Mann, ihren Kindern, in ihr Haus mit Doppelgarage. Denn eine Nacht bei den Narrischen – das reicht ihr fürs ganze nächste Jahr. Bei uns im Irrentrakt aber feiert heute Abend Rosi einfach mal so eine Champagnerparty. Na sicher gehe ich hin.

Chickflick

Danke, Schweizer, dass ihr mich doch nicht ausgewiesen habt. Denn ich wäre jetzt ums Haar nicht mehr da, was allerdings ganz und gar in meiner eigenen Verantwortung liegt, ihr könnt überhaupt nichts dafür. Ich hatte es unterlassen, mich umzumelden, als ich zu Ossi zog, wodurch meine Aufenthaltsbewilligung nicht verlängert wurde, was allerdings alles damit zu tun hat, dass ich als gelernte Wienerin eine natürliche Scheu vor dem Meldeamt habe.

Denn wenn man sich in Wien ummelden muss, nimmt man sich zwei, drei Tage frei, kauft sich ein dickes Buch und richtet sich auf einen Kurzurlaub in einer Schlange ein, die sich durch die Flure eines für gewöhnlich völlig heruntergekommenen Amtsgebäudes windet.* Die Chance, dass man nach Stunden des Anstehens auf Grund der fehlenden Unterschrift der verstorbenen Großmutter wieder heimgeschickt wird, liegt bei 88 Prozent. Es geht das Gerücht, dass bis zu 30 Prozent der Wiener falsch oder nicht gemeldet sind, weil das Bezahlen der dafür fälligen Buße einfach mehr Spaß macht als mehrtägiges Anstehen. Sogar ein wenig Haft gilt als bequemer. Der Wiener würde nie vermuten, dass ein Land existiert, in dem man am Meldeamt mit der Zuvorkommenheit der Krönchen-Abteilung von Tiffany's behandelt wird. Was, wie ich jetzt weiß, in der Schweiz ja der Fall ist.

Beklagenswerterweise ist nicht ausgewiesen worden zu sein das Aufregendste, was ich momentan erlebe, wohingegen meine Freundin Rosi für ein paar Tage in Paris war und dort einen schwedischen Doktor im formalen wie mentalen Traumprinzen-Format kennen lernte, und zwar auf eine Weise, die Sie,

Leserinnen und Leser, zweifelsohne brennend interessieren würde. Leider musste ich Rosi bei Bob Dylan schwören, niemandem – AB-SO-LUT NIEMANDEM, hörst du? – davon zu erzählen, und ich befürchte, das schließt Es-in-die-Zeitung-Schreiben ein.

Wobei für mich (ich bin, wenn es um schmutzige Details geht, einfach zu abgebrüht) der interessanteste Aspekt der Geschichte darin liegt, dass Rosi dann die Visitenkarte des schönen Schweden im Hotelzimmer vergaß, und zwar, wie ich vermute, in romantischer Absichtlichkeit, so „Serendipity“-mäßig, Sie wissen schon, dieser Chick-Flick mit John Cusack und Kate Beckinsale, der derzeit im Kino läuft, und den ich mir dort nicht ansehen werde. Weil ich Mädchenfilme lieber auf Video sehe. (Wobei es eine Sorte Weiber-Melodramen gibt, von der ich ungesehen weiß, dass das Dreck ist, auch wenn jeder, inklusive die Cannes-Jury, das Gegenteil behauptet. Ich weiß es unter anderem, weil ich mir einige dieser Drecksfilme aus Mangel an Alternativen leider irgendwann im TV angesehen habe; zum Beispiel „Titanic“ grrr , „Die Brücken am Fluss“ blärch , „Der englische Patient“ Himmel! und „Das Piano“, einer der elendsten Filme ever. Zum Glück bin ich hart geblieben bei „Breaking The Waves“, „Chocolat“ und „Dancer in the Dark“, und ich gelobe, dass ich mir diesen Dreck auch in Zukunft nie ansehen werde.) „Serendipity“ dagegen bekommt dagegen dereinst wohl eine Chance, wenn ich auch bezweifle, dass dieser Film es in meine Chick-Flick-Bestenliste schaffen wird: 1. „The Accidential Tourist“, 2. „Moonstruck“, 3. „Out of Sight“, 4. „One Fine Day“, 5. „High Fidelity“, 6. „The Thing Called Love“ und 7. „Legal Eagles“, 8. „Pretty Woman“, 9. „Sleepless in Seattle“, und 10. jene „Sex and the City“-Folge aus der zweiten Staffel, in der Miranda vor ihrem Ex davonläuft und Carrie beschl…

Alles egal, denn eben ist tatsächlich ein Wunder geschehen, weil das absolut Undenkbare geschah und die romantischen Träumereien einer Frau – nämlich Rosis – für einmal Wirklichkeit wurden. Der schöne Schwede schickte per Fleurop

15 langstielige Rosen und bittet, am Wochenende in Zürich erscheinen zu dürfen. Das kommt in meine Liste. Denn das ist so bizarr und mädchenfilmhaft wie ein freundliches Meldeamt.

* Das hat sich zu meinem groben Erstaunen in der Zwischenzeit total geändert.

Madonna im Slip

Dann hat Rosi den Schweden wieder nach Schweden geschickt. Diesen märchenhaften Herrn, den sie in Paris getroffen hat und für den umgehend feststand, dass es sich bei Rosi um die Königin seines Herzens handelte. Der Hals über Kopf nach Zürich reiste, wo er vor Rosi kniete, während ihm Liebesschwüre von den Lippen troffen. Doch Rosi schickte den Schweden wieder nach Schweden, aus einem für Rosi völlig logischen Grund, der Schwede findet nämlich „King Lear" das beste Stück von Shakespeare. Wo es doch sonnenklar ist, sagt Rosi, dass der „Sommernachtstraum" das beste Stück von Shakespeare ist. Vielleicht noch, wenngleich etwas peinlich, „Richard III.". Jedenfalls nicht und auf keinen Fall, sagt Rosi, „King Lear". Und deshalb feiert sie Weihnachten ohne den Schweden.

Bei mir ist nämlich erst Weihnacht, während es bei Ihnen, Leserschaft, schon, lassen Sie mich rechnen, Mitte, Ende Jänner sein muss. Und ich bin in Wien, hab Ferien und kann, während ein raumschiffförmiger Luftbefeuchter mit dem schönen Namen AIR-O-SWISS meine Atemluft gesundschweizert, in Ruhe die ganze Schachtel von Frühjahrs-Neuerscheinungen, die mir der Diogenes-Verlag geschickt hat, von vorne bis hinten durchlesen, bis auf den neuen Irving, den hab ich blöderweise im Flugzeug vergessen. Also lese ich stattdessen den neuen Philippe Djian, über den ich vor dem 28. 2. eigentlich nichts sagen darf, weil: Sperrfrist. Und Frau Geiger von Diogenes lässt da, das weiß ich von früher, auch den Einwand nicht gelten, dass man das Werk bereits im Original gelesen und sich damit die Berechtigung erworben habe, vor Ablauf der Sperrfrist eine Meinung zu haben. Was beim damaligen Anlassfall – es handelte sich um den letzten Irving – wirklich gestimmt hat, bei Djian allerdings eine glatte Lüge wäre, weil ich nämlich Französisch nicht kann, was, kleiner Exkurs, Freund Haemmerli, der alte Frankophil, unverzeihlich findet; Exkurs Ende. Ehrlich gesagt, weiß ich nicht mal, wie man Djian korrekt ausspricht.

Frau Geiger verzeiht mir vielleicht, wenn ich ausplaudere, dass ich den Djian ziemlich gut finde, jedenfalls bis Seite 183, wo ich grad bin. Allerdings wird Frau Geiger ihre hübsche Braue hochziehen, wenn ich erzähle, dass dort der Erzähler gerade mit Madonna, die einen durchsichtigen Slip und Tennisschuhe trägt, ein explizites Gespräch über Geschlechtsverkehr führt. Ganz bestimmt wird Frau Geiger ihre perfekt manikürte Faust auf ihren Diogenes-Schreibtisch knallen lassen, wenn ich nun rundheraus jenen unwiderstehlichen Satz von Seite 172 zitieren muss, der mich derart überhaupt in diese dumme Situation bringt: „Ich fragte Patrick, ob er Frauen kenne wie P. J. Harvey, Pipilotti Rist oder Maggie Cheung, aber seine krasse Unwissenheit zeigte, dass er nicht zu retten war."

Dieser Satz ist aus zwei Gründen bemerkenswert, erstens, weil der Diogenes-Verlag sich, und ich finde das erbärmlich, noch immer gegen die neue Rechtschreibung stemmt: Dass! (Und das von einem Schweizer Verlag! Und nein, nur weil es die „FAZ" auch tut, wird es nicht ehrenhafter.) Zweitens natürlich wegen Pipilotti Rist, die von einem Schriftsteller, der immerhin „Betty Blue" – was ich zugegebenermaßen nur als sehr furchtbaren Film kenne – geschrieben hat, in eine Reihe mit P. J. Harvey gestellt wird, die nun zweifelsfrei ein Genie und die außerordentlichste Musikerin der Welt ist. Und wissen Sie was? Ich finde das gerecht, denn ich finde Pipilotti Rist richtig gut, weshalb ich Haemmerli, der behauptet, sie persönlich zu kennen, schon lange in den Ohren liege, sag, Haemmerli, könntest du nicht mal …? Aber Pipilotti Rist hat ziemlich sicher sowieso Wichtigeres zu tun. Nämlich, ach ja, es ist ja schon Mitte Jänner, demnächst mit einer Tochter niederzukommen. Ich wünsche ihr schüchtern das Beste.

Vorsicht: Schmerz!

Unbekannte Schuldige, ich warne euch. Wenn ihr das nochmal macht … Ich schicke Bodentruppen. Ich komme selbst und singe. Was immer – es wird mit furchtbarem Schmerz verbunden sein, und das Heulen und Wehklagen wird kein Ende nehmen … Hab ich mich klar ausgedrückt?

Es ist wegen meiner letzten Kolumne, „Madonna im Slip“, und wegen der zahlreichen Leserzuschriften, die ich seit ihrem Erscheinen erhalte. Die sind durchgängig und mit vollem Recht des Inhalts, ob ich jetzt deppert geworden bin und dass ich gefälligst erklären soll, was im zitierten Philippe-Djian-Satz aus dem neuen, demnächst bei Diogenes erscheinenden Roman jetzt eigentlich bitteschön nicht der neuen Rechtschreibung entspricht. Wo ich nur sagen kann: Liebe Leserin, lieber Leser, na, gar nichts. Es war alles total richtig. Und deshalb komplett falsch. Und zwar, weil irgendwo zwischen mir und der Druckerei ein heimliches, aber gnadenloses Rechtschreibgericht sitzt, das in seinem Fanatismus nicht davor zurückschreckte, das in meiner Kolumne gebrandmarkte Beispiel für falsche Rechtschreibung dudenkonform zu korrigieren, worauf es nicht mehr falsch war, wodurch die Brandmarkung jeglichen Sinn verlor. Der inkriminierte Satz enthielt: „… aber seine krasse Unwissenheit zeigte, daß er nicht zu retten war“, welchem meine beinharte Verurteilung folgte: „Daß! Und das von einem Schweizer Verlag!“, was für Sie, Leserschaft, in der korrigierten Fassung („…, dass …“ und „Dass!“) natürlich nicht mehr zu erkennen war. Es kann nun sein, dass auch in dem Abschnitt, den Sie eben gelesen haben, kein scharfes ß zu finden ist, und Sie sich erneut zusammenrätseln müssen, was die Narrische schon wieder will. In welchem Falle allerdings umgehend Absatz 1 in Kraft tritt, wovon Sie, Leserschaft, von den einschlägigen Boulevardmedien in Kenntnis gesetzt werden.

Überhaupt zeitigte besagte Kolumne mehrere Folgen. Vielen Dank, lieber Scalo-Verlag für das schöne Pipilotti-Rist-Buch, das war aber nett. Erst recht nett war, dass Frau Geiger vom Diogenes-Verlag ungefragt den neuen John Irving, den ich ja im Flugzeug verschlampt hatte, erneut schickte, begleitet von einem sehr freundlichen und völlig unbeleidigten Schreiben, bei dem Frau Geiger nur das PS vergessen hat, nämlich: „PS: Sie haben übrigens völlig Recht, Frau Knecht, und ab sofort wird sich auch Diogenes an die neue Rechtschreibung halten." Gut, nächstes Mal. Während Freund Haemmerli noch am Vormittag des Kolumnenerscheinens beim Verlassen seiner Wohnstatt von Pipilotti Rist überrascht wurde, die ihm, erzählt Haemmerli, schon von weitem zugerufen habe: Hallooo, Herr Haemmerli, du kennst mich ja! Leider hatte Haemmerli keine Ahnung, wovon Frau Rist sprach, weil Kolumne nicht gelesen, und offenbar kennen sich Frau Rist und Herr Haemmerli nicht so gut, wie ich behauptet habe. Aber immerhin gut genug, dass Frau Rist Herrn Haemmerli auf der Straße erkennt, sodass ich aufatmend erklären kann: Gelogen wars nicht. Phhh.

Dann wollten mir auf der Hauser-&-Wirth-Vernissage mindestens drei Leute Pipilotti Rist vorstellen, die noch erwartet wurde. Weil ich in der Realität aber ein schändlich feiger Mensch bin, floh ich, bevor sie erschien. Und einen Tag später schickte schließlich Dr. Robert ein SMS des Inhalts, er habe im Fall Frau Rist gesprochen, und die lasse ausrichten, sie werde zwar tatsächlich demnächst Mutter, sei aber im Unterschied zu mir über das Geschlecht ihres Kindes nicht informiert. Wo hab ich das nochmal gelesen? Peinlich. Immerhin, die Frage müsste sich zwischenzeitlich geklärt haben, und wenn ich Glück habe, zu meinen Gunsten.* Ich halte Sie auf dem Laufenden, Leserschaft, und werde im Weiteren wieder vermehrt zur Dichtung tendieren, das macht mir und Haemmerli weniger Probleme.

* Bald darauf gebar Frau Rist einen Sohn. Tja.

Williams vs. Geldof

Grundsätzlich lehne ich es ab, Bands gut zu finden, die altersmäßig meine Kinder sein könnten. Tragischerweise heißt mein momentanes Lieblingsmusikvideo „Stehengeblieben“ und stammt von der deutschen Band Echt, deren Mitglieder zumindest beinahe meine Kinder sein könnten. Ich kann schon sehen, wie sich Kollegin Meier, die derartige Luxusskrupel nicht kennt, auf die Schenkel haut; hab ichs nicht gesagt. Kollegin Meier, auch nicht sooo viel jünger als ich, fuhr extra wegen Echt nach Oldenburg oder Darmstadt oder Bielefeld, irgendeine unnötige deutsche Stadt jedenfalls, denn sie hat eine Leidenschaft für die Jugend. Was sie äußerlich mit zwei hübschen Gretelzöpfchen zelebriert. Und, ja, bei Echt, da hatte Kollegin Meier mal wirklich Recht.

Mein Wiener Langer sagt allerdings, in Echt sehe der Echt-Sänger aus wie ein Penner. Der Lange hat kürzlich in einem Lokal aufgelegt, in dem der Echt-Sänger auch war, und der trug, sagt der Lange, Krankenkassenbrillen und einen grindigen Parka und wirkte weiters, als wolle man in seiner Nähe keine Nase haben. Im Video macht er aber einen sehr gepflegten Eindruck.

Übrigens fällt mir bei meinen Freunden eine gewisse Prominentensichtungsdichte auf. Zum Beispiel geriet Pia, die immer noch in Hamburg weilt, vor kurzem in Yvonne Wussows Garagenverkauf, den diese abhielt, um ihrem Noch-Gatten Klaus-Jürgen Wussow ihre und seines Sohnes grassierende Verarmung vorzuführen, da wird ja seit ewig prozessiert, und die Dame schreckt ja offensichtlich vor nichts zurück. Tatsächlich habe das Kind, schwört Pia, eigenhändig seine Kinderbücher verkaufen müssen. Pia erstand – und das ist die reine Wahrheit – ein Werk mit dem Titel: „Krankheit oder die Angst vor dem Partner" mit vielen unterstrichenen Stellen, aus denen Pia beim nächsten Wiener Mädelsabend eine kleine Lesung gestalten wird. Allerdings verzichtete Pia auf den Erwerb von Teilen von Frau Wussows Garderobe, „lauter grausliche Fetzen, so Cocktailscheisse", sagte Pia, und zwar, wie sie gerne betonte, in Größe 42; und das ist irgendwie gerecht.

Und Dr. Robert, wer sich erinnert, war Silvester in irgendeiner drüberen Disco in Zermatt und durfte dort zufällig beobachten, wie Robbie Williams auf der Tanzfläche seine Hosen runterließ. (Hab ich je erwähnt, dass ich Robbie Williams umwerfend finde? Ich weiß, das ist eine Meinung von stark unterdurchschnittlicher Originalität, aber ein netter Radiomoderator meinte kürzlich während Dr. Roberts Fondue Chinoise, ich solle doch mal was über Robbie Williams schreiben. Was ich hiermit getan habe.) Danach – wir sind wieder in Zermatt – setzte sich Sir Bob Geldof zufällig an Dr. Roberts Tisch, worauf Dr. Robert in Ohnmacht zu fallen drohte. Ich weiß das, weil Dr. Robert das per SMS allen seinen Freunden mitteilte, quasi an Stelle von Neujahrswünschen. Das mit der Ohnmacht angesichts Bob Geldofs halte ich allerdings für massiv unverhältnismäßig (vergleiche Geldof-Williams), so wie ich es übertrieben fand, dass der „Spiegel" letzthin drei Redaktoren zu einem reichlich laffen Interview mit ebendiesem antreten ließ, darunter Chefredaktor Aust persönlich. Sind die jetzt alle gaga? Allerdings reiht sich solches in meine Beobachtung ein, dass Männer um die 50 zur Vergöttlichung der Interpreten ihrer – auch späten – Jugend neigen, völlig ungeachtet ihrer damaligen und aktuellen Qualität; anders ist ja auch der anhaltende Erfolg von Mick Jagger nicht zu erklären.

So gesehen, brauche ich mich echt nicht dafür zu schämen, dass ich heimlich Bands gut finde, deren Mitglieder altersmäßig meine Kinder sein könnten. Und ich erkläre hiermit, dass meine absolute Lieblingsplatte aus dem letzten Jahr „The Optimist" heißt und von Turin Brakes stammt, zwei britischen

Buben, die meine Kinder sein könnten. So, jetzt wissen Sie das auch.

Unrecht in Graubünden

Wie ich gerade in Scuol im Supermarkt die Flasche Barolo bezahlen will, ruft Haemmerli an und brüllt: Kneeeeecht! Wo bist du? Ich brülle, im Primo-Markt in Scuol, Haemmerliiii! Und Haemmerli brüllt: Ahhhh, du bist in Graubünden! Und ich brülle, Haemmerli!, du Nulpe von einem Schweizer!, ich bin nicht in Graubünden, ich bin im Engadiiiin! Und Haemmerli brüllt, Kneeeecht, du Schatzi!, das Engadin IST in Graubünden! Und die Art, wie gleichzeitig die Kassierin die Augen himmelwärts verdreht, sagt mir, dass Haemmerli womöglich Recht hat. Gopf. Ich hasse es, nicht Recht zu haben, aber so lautstark und öffentlich Unrecht zu haben, dann blöd herumzustottern und das offensichtliche Unrechthaben auch noch zugeben zu müssen, das ist das Letzte.

Oder das Vorletzte. Das Letzte war an diesem Wochenende der Trampelpfad von Guarda zum Bahnhof von Guarda. Nehmen Sie den auf keinen Fall. Nehmen Sie auch nicht die Straße. Nehmen Sie den Bus, das ist die einzige vertretbare Art, von Guarda zum Bahnhof von Guarda zu gelangen, damit man dort die Rhätische Bahn nach Scuol besteigen kann, nachdem man, wie der Lange und ich an diesem Wochenende, von Ardez nach Guarda marschiert ist und deshalb im Thermalbad von Scuol ein wenig entspannen möchte. Und zudem eine Flasche Rotwein braucht, was man weder in Ardez noch in Guarda bekommt. Der Rotwein wurde nämlich wieder nach Ardez zurücktransportiert, wo wir am Abend bei Bekannten eingeladen waren, wo es Raclette und einen herrlichen Apfelkuchen und unter den Gästen auch den Geissenpeter aus dem „Heidi"-Film gab. Der Geissenpeter hat das Wochenende bei den Freunden verbracht, zwecks Snowboarding, und wollte inkognito sein und als Geissenpeter nicht angesprochen werden. Verständlich. Aber der Lange prahlt jetzt in Wien recht damit herum, dass er mit dem Geissenpeter Raclette gegessen hat, weil mit Nick Cave Drogen geschmissen oder sich mit den Beasts of Bourbon im Vollrausch tätowieren lassen, das hat von den Wiener Spezis schon so mancher, da schaut keiner mehr von seinem Bier auf. Aber Raclette mit dem Geissenpeter. Da schauen sie. Mit solchene Augen. Boah.

Ins Engadin hat uns Bruno geschickt. Denn eigentlich wollten der Lange und ich nur bisschen baden gehen und haben deshalb einen kritischen Eingeborenen gefragt, ob das Baden in Baden zu empfehlen sei. Bruno hat dann gesagt, schon, aber. Also dass man auch mit der Rhätischen Bahn ins Engadin fahren und nett im Thermalbad von Scuol herumplantschen könne, er sei eben erst da gewesen, und es gäbe nichts daran zu meutern, was mich, da es von Bruno kommt, überzeugt. Er sei, sagt Bruno, sogar Schi gefahren, was interessant ist, denn vor ein paar Wochen, als wir im „Josef" saßen und aufs Schifahren zu reden kamen, sagte Bruno, das sei doch kackproll und lauter Idioten am Berg, die einen an Leib und Leben bedrohen und so weiter. In der Zwischenzeit ist ihm das wohl wurscht. Lass mich raten, sag ich, hinter deiner Meinungsänderung steckt eine Frau und Bruno grinst und lügt und sagt, älter und weiser sei er in der Zwischenzeit geworden. Aha. Aber ich wollte noch was anderes erzählen, der Lange wird nämlich Vater.

Jetzt neu mit Franzerl

Manchen Frauen ist das Interesse an der Ehe angeboren. Pia ist das Interesse an den Ehen anderer angeboren. Sie selbst würde, wenngleich sie die Absenz der großen Liebe stets wortreich bedauert, eine derartige Einkerkerung niemals akzeptieren. Sie schreckt ja schon vor Beziehungen zurück, die länger als eine Nacht dauern. Vor ein paar Wochen schickte sie mir ein SMS des Inhalts, ob ein dreistelliges Kennzeichen mit GR davor in der Schweiz etwas Gutes, also Reichtum, Macht, Manolos und so weiter bedeute. Ich smste, dass sie sich darauf verlassen könne und machte mich erbötig, Details und Zivilstand zu recherchieren, wenn sie mir bitte noch den Namen dazu nenne. So lange, dass es zur gegenseitigen Vorstellung gekommen wäre, hat die Beziehung aber nicht gedauert.

Denn Pia will momentan nur einen Prinzen; und nicht so einen mickrigen wie jenen, von dem sich Mizzi jetzt endgültig getrennt hat, sondern echten europäischen Hochadel. Weil schau dir das an, sagt Pia, die Prinzen schrecken ja heutzutage vor nichts mehr zurück, ledige Kinder, Bürgerlichkeit, Drogenvergangenheit, einen Militärjunta-Faschisten in der Familie, ist alles kein Hindernis mehr auf dem Weg in die goldene Kutsche und vor den königlichen Traualtar. Bloß musste mir Pia dann zustimmen, dass ein Verein, in dem jetzt auch Weiber wie wir mitmachen dürfen, für uns nicht mehr in Frage kommt.

Mit so was wie Heiraten belästige ich den Langen momentan lieber nicht, der ist, wie kürzlich erwähnt, erstmal fulltime mit der Vaterwerdung beschäftigt. Bei den meisten Männern geschieht die Vaterwerdung grob gesagt zwischen zwei Pfeilern: Erstens, sie erfahren, dass sie Vater werden, zweitens, sie werden Vater. Dazwischen liegen diese von der Schöpfung mit Bedacht eingerichteten acht, neun Monate, in denen sie mental vom einen Pfeiler zum anderen kriechen können. Der Lange war innerhalb dieses Prozesses etwa in der Aufwärmphase; also er begann gerade, sich mit einem roten Punkt auf einem Schwangerschaftstest anzufreunden, der ihm als Franzi vorgestellt worden war, als ihm unvermutet ein dritter Pfeiler in die Gegenwart gerammt wurde, und zwar per SMS: Lieber Langer, bleib bitte ruhig, aber es sind jetzt zwei Franzerl.

Was der Lange im ersten Moment für eine total typische Gemeinheit im Reicht-man-ihr-den-kleinen-Finger-Stil hielt. Diese Perfidie musste sofort unter Zufuhr hochprozentiger Getränke im Kreise der Spezis beklagt werden, wobei der Lange noch eine Überraschung erlebte. Denn es war keineswegs Mitleid, das ihm von den Haberern entgegenwaberte, sondern unverhohlene Bewunderung voller Gezwinker, Schultergeklopfe und Ho-ho-hooooo!-Gegröhle. Die Spezis und alle anderen Männer, so erkannte der Lange zügig, neigen nämlich zur Ansicht, dass eine doppelte Brut die Folge doppelter Potenz sei. (Hier bitte einen kleinen, mehrstimmigen Freundinnenchor hineindenken: Männaaaaaaa!!!) Aber der Lange gockelt seither mit permanent geschwollener Brust durch die Wienerstadt und hat sich mit dem doppelten Franzi ganz gut abgefunden.

Angriff der Witzmörder

Der Lange beschwert sich, dass man mir, seit ich in Zürich bin, jeden Schmäh erklären muss. Das stimmt. Das Schmähführen vergeht einem in Zürich relativ rasch, ungefähr, wenn man zum siebten Mal mit diesem Ochsenstarren bedacht wird, weil man es ohne Vorwarnung mit einem Witz versucht hat. Der Lange macht es einem allerdings auch nicht leicht; er ist ein schmähtechnischer Kryptologe, der die vordergründige Pointe strikt ablehnt. Der Lange bevorzugt das „Um die Ecke gelacht"-Prinzip, was bedeutet, er macht heute einen Schmäh, den ich übernächsten Donnerstag kapiere. Ein typischer Langer-Schmäh? Hmm. Okay: Der Lange könnte zum Beispiel an einer Bar ein Bier bestellen. Und die Bardame könnte fragen: Flasche oder offen? Und der Lange könnte antworten: Es gibt kein richtiges Leben in Flaschen. Kapieren Sie den? Wenn nicht, warten Sie ab. Vielleicht stolpern sie irgendwann irgendwo zufällig über einen Satz und plötzlich haha.

Zürich jedenfalls ist eine schmähfreie Zone mit ein paar Inseln, die von den Segnungen des Humors nicht völlig unbeleckt sind. Eine dieser Inseln heißt Kollegin Meier, und sie war zwar der Meinung, dass ich sie in der Williams-vs.-Geldof -Kolumne wie eine „pädophile Pippi Langstrumpf" (ihre Worte!) dargestellt habe, was halt daraus resultiere, dass „deine Schreibe und feine Töne nicht das engste Gespann sind" (danke, ebenfalls ihre Worte), aber sie kapierte, dass meine Bemerkung nicht gemein gemeint war. Fräulein Meiers Freundeskreis dagegen scheint aus lauter verbiesterten Klemmzwinglis (meine Worte) zu bestehen, denn es wurden, so berichtete mir das Fräulein Meier, wiederholt Dinge wie „Rufmord" und

„Mobbing“, und dass sie sich das nicht gefallen lassen dürfe, in ihren Telefonhörer gesprochen, was ich mit einer kleinen Rede erwidern möchte: „Werte Freunde von Kollegin Meier, ich schätze Kollegin Meier von Herzen. Es liegt mir fern, sie zu beleidigen, zu mobben oder rufzumorden, im Gegenteil, ich finde sie reizend, und sie hat mir ihre Echt-CD geliehen. Ihre Knecht.“

Meine Mutter dagegen hat erstens Sinn für Humor, zweitens teilte sie bis vor nicht allzu langer Zeit Theodor W. Adornos Ansicht, dass es kein richtiges Leben im Falschen gebe. Beziehungsweise: geben dürfe. Meine Mutter meinte, es sei keinem Lebewesen zumutbar, meiner Obhut ausgeliefert zu sein und drohte mit meiner sofortigen Entmündigung und der Zwangsadoption meines Nachwuchses, sollte ich es je wagen, schwanger zu werden. Mittlerweile nimmt sie überrascht zur Kenntnis, dass ich die Franzis mit dem gleichen Engagement ausbrüte, wie ich weiland getrunken, geraucht und über die Stränge geschlagen habe, also zu 250 Prozent. Zum Beispiel habe ich auf der Stelle fünfzehn Kilo zugenommen und litt umgehend an allen bekannten Schwangerschaftsbeschwerden, auch an jenen, die eigentlich für Hochschwangere vorgesehen sind. Ich lese alle Schwangerschaftsratgeber, derer ich habhaft werde und befolge alle Tipps, auch die widersprüchlichen. Ich rauche auch nicht mehr, was so bleiben wird. Und, ja, ich entsage tapfer dem Satan Alkohol. Nein, DAS wird gewiss nicht so bleiben.

Nie, Fipsi. Nie.

Denn das Leben ist ohne Alkohol total langweilig. Ich weiß das mit Sicherheit, da ich gerade in einem mitleidlosen Selbstversuch die Behauptung verifiziere, dass die Benefizien des Alkohols völlig unterschätzt werden. Man hat es in meinen Kreisen ja häufig mit Weinexperten zu tun, und ich weiß derartige Auskenner durchaus zu schätzen, weil in ihrer Gegenwart immer herrliche Fluide offeriert werden. Allerdings vermittelt das Gewese dieser Menschen häufig den Eindruck, es käme beim Alkohol ausschließlich auf die Qualität an. Ich aber sage: Eine der wichtigsten Eigenschaften von Alkohol ist seine Entfaltung in der Quantität oder, volkstümlicher ausgedrückt: Das Beste am Alkohol ist, dass man davon betrunken wird.

Und exakt das ist mir verboten, seit ich die Franzis ausbrüte. Die Mutterwerdung ist ja im Unterschied zur Vaterwerdung mit viel Unbill verbunden. Der Lange nimmt zwar solidarisch zu, darf sich aber in Wien fröhlich durch seine Schwangerschaft saufen, während ich meine Schwangerschaft nüchtern in Zürcher Lokalen versitze und mich langweile. Am langweiligsten finde ich – und das ist eine durchaus quälende Erfahrung – mich selbst. Mein nüchternes Ich. 15 Jahre lang bildeten Ausgehen, Trinken, Lustigsein ein tragendes Trio meiner Charakterkonstruktion, nun hat sich das Trinken verabschiedet, und die andern beiden können nicht mehr miteinander. Es ist deprimierend. Ich sitze durstig, dick, gähnend und mit stierem Blick in Bars und Restaurants, ein Schatten meines früheren strahlenden Selbst. Weshalb ich, um meinen Freunden diese gruselige Offenbarung zu ersparen, lieber gar nicht mehr ausgehe.

Statt dessen starre ich nächtens nüchtern in mein TV-Gerät, während in der Küche mein Mitbewohner Ossi zum Beispiel mit seinen Freunden Skat spielt. Und als ich mir letztes Mal, als die Buben grad skatieren, etwas Orangensaft aus dem Kühlschrank hole, stellt mir Fipsi, einer von Ossis Skatologen, folgende Frage: „Sag mal, du hast aber ziemlich zugenommen, was?", worauf sich am Skattisch besorgtes Gezischel erhebt. Fipsi schaut ratlos um sich und weiß nicht, was er falsch gemacht hat. Alle andern wissen es, wollen aber nicht darüber sprechen. Weshalb mir die Aufgabe zufällt, Fipsi über eine der Generalwahrheiten des Lebens aufzuklären: Fipsi, nie fragt man eine Frau, ob sie zugenommen hat. Fipsi sagt, ja, aber wenn sie schwanger ist und es ist so offensichtlich! Wo ich sagen muss: Fipsi, eine Situation, in der man eine Frau fragen darf, ob sie zugenommen hat, existiert innerhalb dieses Raumzeitkontinuums nicht. NIE und NIRGENDS, Fipsi. Fipsi hat dann gesagt, na gut, dann schreibt er sich das rot in sein Tagebuch und macht es fortan halt nicht mehr.

Und falls es Gottes Wille war, mich nach Zürich zu schicken, um Fipsi in das gleissende Licht dieser Erkenntnis und auf den Pfad der Tugend und des Takts zu führen, so ist meine Mission erfüllt, gelobt sei der Allmächtige.

Eins zu null für Bier

Anders als bei meinem Kolumnistenkollegen Alain de Botton käme bei mir kein Leser, keine Leserin auf die Idee, mich um Rat zu fragen, egal in welcher Lebenslage. Ganz im Gegenteil: Meine Leserinnen – und ich weiß das durchaus zu schätzen – schreiben mir, um mich mit Trost, Rat und herzlichem Mitleid auszustatten, wie kürzlich Leserin Mia P., die mailte: „Himmelarsch, konnte dieser Krug nicht an Ihnen vorübergehen?" Sie meinte das doppelte Franzi, das ich gerade ausbacke. Beunruhigenderweise weiß die Dame, wovon sie spricht, da sie selber ein doppeltes Franzi zu Hause hat, was sie nebst anderem dazu bewog, ihre E-Mail mit den versal und fett geschriebenen Worten „ES WIRD WAS AUF SIE ZUKOMMEN" und sechs Rufzeichen abzuschließen. Das lässt mich nicht unbedingt heiter und gelassen meiner Zukunft harren.

Etwas beruhigt hat mich daher das Schreiben von Vroni H., ebenfalls doppelfranzigeeicht, die schreibt, ein Doppelfranzi sei das Größte, allerdings habe sie durchaus den Rat parat, „den Prosecco nie warm werden zu lassen", etwas, das ich gerne beherzigen werde, vielen Dank. Im Wettbewerb Bier gegen Franzis gewinnt derzeit übrigens noch Bier. Im Wampenvergleich liegt der Lange nämlich immer noch gute 15 Zentimeter vorn (der Lange: Ich bin ja auch viel größer als du. Ich: Aber ja, Schatz, daran liegts), auch wenn die Franzis ihr Möglichstes tun, um aufzuholen. Unter anderem, in dem sie ihre Provenienz als des Langen und meine Kinder nicht verleugnen und bereits heftig pippeln, wie meine Ärztin und ich bei der letzten Ultraschall-Peepshow feststellen konnten. Die eigentlich den Zweck hatte herauszufinden, ob es sich bei den Franzis tatsächlich um Franzis handelt oder doch um Fränzis oder um ein gemischtes Doppel. Aber die kleinen Schlucker zeigten zwar ein paar hübsche Kunststücke wie einen dreifachen Lutz, einen zweifachen Rittberger und einfaches Daumenlutschen, kniffen dabei aber fest die Beine zusammen. Nächstes Mal erwischen wir euch.

Okay, okay, bevor ihr euch jetzt über meine neue Birnenweichheit beklagt, Zürcherinnen und Zürcher: Ich kann für meinen aktuellen Hang zur Niedlichkeit nichts, ich bin ein Opfer der Franzi-Hormone. Während ich mich über euch durchaus wundern muss, denn dass ich anlässlich der Stadtpräsidenten-Wahl allenthalten den Begriff Stapi hören und lesen musste – das fand ich doch höchst irritierend. Meiner Meinung nach sollte nämlich kein Volk (und schon gar nicht seine Medien) zu seinem obersten Regierenden ein derart zärtliches Verhältnis haben, dass sie ihn mit einem Diminutiv ausstattet. Gut, Schweizer, ihr seid anders und habt ja als letztes westliches Volk noch bis vor kurzem geglaubt, der Kapitalismus sei warm und weich wie eine Mutterbrust. Haha. Aber Stapi … Ich bitte euch flehentlich, dieses fiese Wort aus eurem Wortschatz zu verbannen. Schlimm genug, dass ihr anstelle einer Nationalmannschaft eine Fußball-Nazi habt. Tut die bitte auch gleich raus.

Große Brüste blöd

Eigentlich habe ich auf die Nachricht mit geradezu stoischer Gelassenheit reagiert. Ich meine, für jemanden, der im Alter von 17 Jahren folgenden Schwur leistete: „Falls ich jemals ein Kind bekommen und dieses Kind weiblichen Geschlechts sein sollte, so gelobe ich, dass es ein Einzelkind bleiben wird. Nie im Leben werde ich meiner Tochter ihr Leben versauen, indem ich sie mit einer Schwester aufwachsen lasse." Das war zu jener Zeit, als ich einer meiner beiden jüngeren Schwestern mit Lippenstift „ICH HASSE DICH" aufs Fenster malte. Was daran lag, dass sie mir mal wieder einen Freund ausgespannt hatte, was daran lag, dass ich zu jener Zeit mit schwarz gefärbter Stachelschweinfrisur, zerfetzten Leopardenjeans und der Kenntnis des Werks Thomas Bernhards auf mich aufmerksam machte, meine Schwester dagegen (nebst anderen Vorzügen, die daneben allerdings in Irrelevanz verblassten) mit einem Busen. Und ich gelangte ja erst kürzlich zur Überzeugung, dass der Busen im Allgemeinen und der große Busen im Besonderen völlig überbewertet wird. Weil ich nämlich, seit ich die Franzis brüte, etwas vor mir hertrage, das die Bezeichnung Busen erstmals verdient.

Und obwohl ich mir genau das seit meinem 15. Jahr wünschte, gebe ich hiermit folgende Erklärung ab: Ich finde große Brüste blöd. Sie sind zu schwer und immer irgendwie im Weg, und was das Schlimmste ist: Sie gefallen mir überhaupt nicht. Sedlacek, den ich kürzlich mal wieder getroffen habe, ist zwar der Meinung, dass ich solche Wertungen bitte schön gefälligst den Männern überlassen soll. Trotzdem: Lieber Gott, wenn irgendwie möglich, möchte ich bitte meinen kleinen Busen wiederhaben, sobald ihn die Franzis nicht mehr brauchen, amen. (Und wenn wir schon beim Verkleinern sind: den Hintern bitte auch, danke schön.)

Ähem, die Franzis. Davon handelt nämlich die tapfer aufgenommene Nachricht. Weil sich eine geschichtliche Tragödie ja stets als Farce wiederholt, wie mal ein kluger Mensch ungefähr gesagt hat, das war, warten Sie mal, warten Sie mal, ach ja, Marx. Jedenfalls macht sich mein Schicksal über mich lustig, indem es die Tragödie meiner Jugend jetzt sozusagen als Sequel nochmal wiederholt. Was mir klar wird, als der Herr Ultraschall-Professor auf drei weiße Punkte auf einem schwarzen Bildschirm, die für mich wie drei weiße Punkte auf einem schwarzen Bildschirm aussehen, deutet und erklärt, daran sehe man eindeutig, dass es sich auch bei diesem Fetus um einen weiblichen handle. Wie schon beim anderen. Also sind die Franzis Mimis. Alle beide.

Und darüber hat sich nicht nur meine zwei Jahre jüngere Schwester (der ich großzügig verziehen habe) scheckig gelacht, sondern auch meine andere zwei Jahre jüngere Schwester (der ich nicht zu verzeihen brauchte, weil sie auch keinen Busen hatte). Meine Mutter grinst auch. Und der Lange reibt sich sowieso die Hände; dem sind Mimis nämlich mehr als recht, weil er sagt: Da bist dann immer du die Böse. Und ich bin der liebe Papa. Hören Sie es? Wie mein Schicksal über mich wiehert?

Lob der Faulheit

Weil wir grad von Lebensqualität sprechen: Natürlich finde ich es gerecht, dass meine beiden derzeitigen Lieblingsstädte Zürich und Wien kürzlich von einer britischen Personalberatungsfirma zu den Städten mit der weltweit höchsten Lebensqualität gewählt wurden; 1. Zürich, 2. Wien. Dabei sind die Unterschiede zwischen Zürich und Wien doch markant. Wien zum Beispiel hat keinen Zürisee. Und Zürich ist eigentlich ein großes, gut erschlossenes Dorf.

Ich habe in Wien einen Bekannten balkanesischer Herkunft, der mit einem Talent zur Misanthropie gesegnet ist, wie man es selbst in Wien, der Welthauptstadt der Misanthropen, nur selten findet. Der hält Wien selbstverständlich für die unerträglichste Stadt der Welt und beglückwünschte mich deshalb anlässlich meiner Übersiedelung nach Zürich aufs Neidischste, und zwar ohne je zuvor dort gewesen zu sein. Kürzlich hat es ihn dann zum ersten Mal für einen Tag, an dem ich grad nicht dort war, nach Zürich verschlagen, und er mailte mir anschließend eine kleine, aber durchaus zutreffende Zusammenfassung seiner Eindrücke, die nur eine markante Fehlbeobachtung aufwies, nämlich dass das Schweizer Volk ein lustiges sei, eine Idee, auf die er beim Lesen der Speisekarte gekommen war. Wegen „Mistkratzerli“ nämlich. Ich mailte zurück, dass er eindeutig ins falsche Restaurant geführt worden war. Wäre er nämlich, wie es einem Schöngeist wie ihm zustünde, ins schönste Zürcher Restaurant, die „Kronenhalle“, geladen worden, wäre ihm angesichts des Preises fürs dortige Mistkratzerli (48 Franken) aufgefallen, dass die Schweizer auch ihre lustigen Diminutive ausnehmend ernst meinen, denn das ist selbst dann zu teuer, wenn man dabei Boris Becker am Nebentisch beim Dinieren zusehen kann.

Und noch was mailte ich ihm. Dass ich nach eineinhalb Jahren Zürich, in denen ich Zürich besonders sommers sehr lieb gewann, auch an Wien etwas schätzen lernte: Die Österreicher im Allgemeinen und die Wiener im Speziellen sind nämlich ein faules Volk. Und ich mag das. Im Übrigen handelt es sich hierbei um keine Individualbeobachtung, sondern wurde kürzlich im Rahmen einer Umfrage erhoben: 44 Prozent der befragten Österreicher gaben darin als Lieblingsbeschäftigung „nichts tun, auf der Couch rumliegen, entspannen, fernsehen, ins Kaffeehaus gehen" an. Das könnte in der Schweiz nicht passieren. Nicht, dass mir die Geschichte Recht gäbe, aber mir ist ein faules Volk einfach irgendwie sympathischer als ein stets pflichtbewusstes. Was daran liegen mag, dass ich selbst ein stinkfauler Mensch bin, und zwar am liebsten in Gesellschaft anderer stinkfauler Menschen. Also in einem Wiener Kaffeehaus. Die Zürcher dagegen haben keine Kultur des Nichtstuns, keine Kaffeehäuser, kaum Tagesbars.

Natürlich hat die Wiener Faulheit auch ihre Nachteile, wenn man zum Beispiel dringend auf einen eingeschriebenen Brief wartet und der Briefträger zu träge ist, um mit dem Lift in mein Stockwerk hochzufahren, und deshalb eine Abholaufforderung im Postkastl hinterlässt, sodass ich den Brief dann erst anderntags einen Kilometer entfernt beheben kann. Das würde in der Schweiz nicht passieren.

Wien

Persönlichkeitsspaltung

Ich weiß nicht, was genau er in den Stunden davor alles gemacht hat, aber um sieben Uhr früh schickt Ossi mir ein SMS, dass er mir gerade ein E-Mail geschickt hat, das ich jetzt lesen soll. An dieser Stelle wird ein Geständnis unumgänglich, welches ich nun seit Wochen wegen schlechten Gewissens vor mir herschiebe. Denn ich habe mich sozusagen davongeschlichen, aus Zürich. Mein Bauch wollte heim nach Wien. Mein Magen auch, der Lange kann nämlich kochen. (Doch, ich kann kochen, sehr gut sogar, solange es sich um Wurstbrot und Packerlsuppe handelt.) Vor allem aber mein Bauch, die Mimis darin haben quasi „Papi, Papi!" geschrien, und die Frau rundherum wurde hormonbedingt zu einem hilflosen Wrack, das ohne die kräftigen Arme eines starken Mannes nicht mehr existenzfähig war. Ich greife hier aus gutem Grund zur distanzierenden dritten Person, weil die Frau rund um meinen Babybauch und ich, wie das eben genannte Exempel beweist, nicht viel gemeinsam haben. Ich habe beispielsweise nicht mal bei „Notting Hill" geheult, während die Frau um meinen Bauch herum letzte Woche eine halbe 100er-Box Papiertaschentücher nass gerotzt hat, weil Maggie in einer „Simpsons"-Folge irgendwie vernachlässigt wirkte. (Diejenige, die geweint hat, als sie ihre Zürich-Koffer auspackte und einen weißen Nadelstreifenanzug, Größe 36, zarte schwarze Stiletto-Slingbacks und ein winziges Paul-Smith-Kleidchen ganz hinten in den Wien-Schrank gestopft hat, die war ich.)

Ich packte also in Zürich meine Sachen, speiste ein letztes Mal mit Haemmerli in der Kronenhalle, drückte alle meine Freundinnen und flog meinen Bauch nach Wien, in die starken Arme des Langen, der mit roten Rosen am Flughafen auf mich wartete. Und ich ließ Ossi, meinen Mitbewohner, ganz allein in unserer gemeinsamen Wohnung zurück.

Und was ich heute früh um sieben lese, ist ein süßes, eineinhalb Meter langes E-Mail, in dem Ossi neben einer kryptischen Auslassung über spanische Frauen, die Marisol heißen, schreibt, dass er jetzt also alleine wohnt, was auch so bleiben solle. Wenn möglich aber nicht in unserer gemeinsamen Fünfeinhalb-Zimmer-Wohnung, in der ich ihm zwei halb ausgeräumte Zimmer, mein Bett, meine Billy-Regale und wenigstens auch die deutsche Bundesliga in Gestalt des Fernsehers zurückgelassen habe. Denn damit die Wohnung auch benutzt wirke, schreibt Ossi, parke er seine Socken in meinem ehemaligen Büro und schlafe abwechselnd mal in seinem und mal in meinem Bett.

Was so nicht weitergehen könne. Könnte ich also bitte dem Publikum ausrichten, dass er im Tausch – und nur im Tausch! – gegen eine etwas kleinere, helle, zentral gelegene Balkonwohnung unsere große hergeben würde? Und dass man ihm unter ossiwohnung@dingsbox.com Angebote machen könne? Könnte ich das tun? Weil eine Mitbewohnerin wie mich, schreibt Ossi, finde er sowieso nicht mehr. Ich kann, Ossi. Natürlich kann ich. Aber danach muss ich gleich die Frau mit meinem Bauch beruhigen, weil die schon wieder vor Rührung schluchzt. Himmel, was für eine elende Heulsuse.

Der Fluch des Grillers

Mein Versuch, den Langen davon zu überzeugen, es liege am Mond und anderen kosmischen Kräften, dass die Forsythie auf unserer Veranda ihre Blätter gen Erdmittelpunkt richtet, wird vom Langen mit einem kleinen Experiment – giessen, warten, da schau her! – leider widerlegt. Aber der grüne Daumen wächst nun mal am Langen, nicht an mir.

Meine Aufgabe dagegen wäre es, den neu erworbenen ungarischen Kugelgriller zusammenzubauen. Allerdings beschließe ich, diesmal bereits an Punkt 1 der Aufbauanleitung – was für Unterlegscheiben? – zu scheitern und mich jetzt mal meiner angestammten weiblichen Kernkompetenz – Schwangersein – zu besinnen und dem Langen all jene Aufgaben zufallen zu lassen, die erst die Evolution und dann die Emanzipation für die Männer vorgesehen haben: im Stehen pinkeln, alles andere und den ungarischen Kugelgriller zusammenbauen.

Das bedeutet eine empfindliche Störung des natürlichen Gleichgewichts in unserem Haushalt. Denn früher hatten der Lange und ich die Kompetenzen klar verteilt: Er war für die kulinarische Versorgung der Haushaltsangehörigen zuständig, ich kümmerte mich um alles Technische, etwa das Anschließen von TV-Geräten und Waschmaschinen und die Montage von Möbeln und Kugelgrillern. Das entspricht nun mal unseren jeweiligen Talenten.

Dabei habe ich stets bedauert, dass ich unfähig bin zu dieser weiblichen Hilflosigkeit, zu der fast alle Männer außer Haemmerli und der Lange eine Affinität haben. Diese Unfähigkeit hat, abgesehen von einer inhaltlich ideologischen Ablehnung, durchaus auch formale Gründe: Denn wie Mizzi, Pia und ich mit großer Berechtigung behaupten dürfen, tendiert männliche Hilfsbereitschaft unweigerlich gegen null, wenn man als Frau mehr als 175 Zentimeter und/oder 65 Kilo misst. Unsere kleine, zierliche Freundin Lotte dagegen ist an und für sich ohne Weiteres in der Lage, einen ungarischen Kugelgriller in wenigen Minuten zusammenzubauen, vor 500 Leuten frei zu sprechen oder, wenn es die Situation erfordert, einen blöden Kerl gekonnt in die Eier zu treten. Aber sobald ein toller Kerl sich nähert, verliert sie auf der Stelle die Fähigkeit, einen Schraubenzieher von einer Motorsäge zu unterscheiden, eine Tür zu öffnen oder eine Tasche von über 400 Gramm zu tragen.

Und die Männer liegen ihr dafür zu Füßen. Weil Lottes herzzerreißende Hilflosigkeit im Verbund mit einer speziellen Art von Wimpernschlag die Männer offenbar zu ganzen Männern macht, zu Männern, die noch gebraucht werden. (Ganz nebenbei wird ihnen auch noch so eine erotische Unschuld suggeriert, auf die nur ganz wenige Kerle nicht scharf sind.)

Natürlich macht auch ein dicker Babybauch die Männer zu Kavalieren, allerdings wird ihre Hilfsbereitschaft mir gegenüber derzeit ungefähr von jener erotischen Energie angetrieben, mit der sie einem 98-jährigen Tattergreis über die Straße helfen. Toll. Anderseits: Aus welchen Gründen dieser Blech- und Schraubenhaufen da jetzt zum Kugelgriller wird, ist mir eigentlich egal. Hauptsache, ohne mein Zutun.

Grüsse vom Resthirn

Der ungarische Kugelgriller wurde dann vom Pauli zusammengebaut. Der Pauli wohnt nicht weit von uns, aber ohne Balkon, weshalb unser Balkon im Sommer sozusagen Paulis Naherholung dient: Jedenfalls hab ich dem Pauli am Telefon das Leid vom Kugelgriller geklagt, quasi: Kein intakter Kugelgriller, keine Eröffnung der Grill-Saison, worauf der Pauli gesagt hat, ob es mir recht wäre, wenn er in einer Viertelstunde mit dem Schraubenzieher kommt. Es war mir recht. Danach bot es sich natürlich an, die Grill-Saison sofort mit einer kleinen Spontan-Grillage zu eröffnen, und das haben wir gemacht.

Ich erzähle Ihnen das, weil es etwa das Aufregendste ist, was in meinem Leben derzeit außerhalb meines Bauches passiert. Was sich auch an der Frequenz von Sedlaceks Anrufen ermessen lässt, der früher mehrmals täglich meine Nummer wählte und nun alle heiligen Zeiten mal anruft und sagt: Was machst du grad?, und ich ächze dann etwas wie ach, ich liege auf dem Sofa, die Mimis strampeln im Bauch, und Sedlacek sagt dann etwas wie, oh toll und dass er, ähm, sorry, grad einen unglaublich wichtigen Anruf auf sein anderes Handy kriegt und sich danach sofort wieder melden wird. Wobei diese wichtigen Anrufe in letzter Zeit die Tendenz haben, fünf, sechs Wochen zu dauern. Ich kann ihm das nicht verübeln, weil es gibt auf der Welt nichts Langweiligeres als schwangere Frauen, die deswegen nur von einer einzigen humanoiden Spezies ertragen werden: anderen schwangeren Frauen. Das Gute ist, dass dieses Babyhormon zu neunzig Prozent verhindert, dass man sich an eine Zeit erinnert, in der man ein normaler Mensch mit einem Gehirn, einem Interesse für nichtgeburtliche Vorgänge, mit Stöckelschuhen, feschen Blusen und einem an der rechten Hand festgewachsenen Gin-Tonic-Glas war. Nicht zu viel Eis, bitte. Das Schlechte sind die restlichen zehn Prozent. Dieser Kummer! Dieser Schmerz!

Zum Beispiel mailt Rosi mir, dass sie kürzlich bei einer Lesung von Christian Kracht im Pfauen war, „und dann hat der Kracht anstatt seiner Texte „Das Jagdgewehr“ von Yasushi Inoue vorgelesen, einen Text, den ich von Herzen hasse, und ich musste den Saal verlassen. Kathi auch, sie musste dringend pissen.“ Also haben die beiden Mädels dort im Foyer etwas Alkohol getrunken, wurden alsbald von zwei weiteren Mädels unterstützt, landeten sodann folgerichtig in der „Kronenhalle“, und gegen Mitternacht hat Rosi dem Herrn Kracht, der gleichfalls in der „Kronenhalle“ gelandet war, die Nationalhymne vorgesungen. „Und Kracht“, schrieb Rosi, „weinte in seine grüne Margiela-Weste, dass er so gerne ein Schweizer Schriftsteller sein möchte. Als wir ihm dann sagten, dass er doch bestimmt nicht wie der Muschg sein will, hat er gefragt: ‚Wer ist denn das?‘. Es war also recht heiter.“

Das hat bei mir natürlich den Zehn-Prozent-Rest aktiviert. Und ich gestehe, da hätte ich vor Sehnsucht nach meinem alten Leben beinahe ein paar Tränen vergossen. Strafweise hat mich dann eine der Mimis in die Blase getreten; aber so.

Haemmerli lernt Lesbisch

Der Lange wühlt mit seinem grünen Daumen draußen in den Blumentöpfen rum, während ich in meiner Mailbox nachsehe, ob mir Haemmerli jetzt endlich den Bericht über seine Abenteuer im Lesbenchatroom abgeliefert hat, den ich von ihm fordere, seit Rosi mir erzählt hat, wie er in Zürich in der „Sonne“ ihren Ex-Gatten damit verstört hat. Mich interessiert das selbstverständlich brennend, und ich habe Haemmerli zwecks Anhaltung seine Erfolges gleich Thomas Meineckes „Tomboy“ (Suhrkamp) empfohlen, denn damit lässt sich trefflich lesbisch lernen, und Haemmerli wird hoffentlich nicht so schnell enttarnt.

Meinecke, der nicht nur Schriftsteller, sondern auch ein fabelhafter Musiker – von seiner Band FSK kann man praktisch ALLES wärmstens empfehlen – und ein famoser Gesprächspartner ist, war kürzlich in Wien, und bei dieser Gelegenheit hat der Lange mit ihm ein Interview gemacht beziehungsweise ein paar Biere geschnupft – das eine lässt sich bei Meinecke vom anderen nicht trennen. Der Lange kam zurück, und als er wieder sprechen konnte, hatte sich sein Wortschatz um den Begriff „interessantistisch“ erweitert, den er nun oft und gern zur Anwendung bringt. Ein fabelhaftes Wort, danke Herr Meinecke. „Tomboy“ jedenfalls bleibt der vermutlich einzige lesbische Roman, der je von einem beleibten, heterosexuellen, bayrischen Biertrinker geschrieben wurde, allerdings ist er deswegen nicht weniger ernst zu nehmen, denn Meinecke hat die Gender-Diskurse der letzten Jahrzehnte nicht nur geschickt vermischt, er hat sie im Unterschied zu meinereiner auch gelesen und verstanden.

Nun warte ich seit Tagen auf Haemmerlis Bericht; heute dann erhielt ich ein hastig verfasstes Communiqué, er könne jetzt nicht berichten, keine Zeit, voll im Stress, weshalb ich hier nichts über Lesbenimpersonator Haemmerli und seine virtuellen Abenteuer berichten kann, sondern nur über Schwangerenimpersonatorin Knecht, die sich in der guten alten Gutenberg-Galaxis tummelt, um sich auf ihre kommende Rolle als gute Mutter vorzubereiten.

Derzeit mit Schwerpunkt Säuglingsernährung. Und ich weiß jetzt, dass die Frage, die im Zusammenhang mit dem Thema Amok noch keiner gestellt hat, natürlich lauten muss: Ja, wurde denn der Täter als Säugling gestillt? Weil wenn nicht: kein Wunder. Zwar hat mir Sedlacek kürzlich ein Mail des Inhalts „Lass die Mimis bloß nicht an deine Brüste ran! Die kannst du sonst wegschmeissen!!!" geschickt, aber Sedlacek, dieses verantwortungslose Monster, weiß natürlich nicht, was ich seit der Lektüre diverser Stillbücher weiß: Sollte ich als Melkmaschinenimpersonatorin aus irgendeinem Grund versagen, ist praktisch garantiert, dass früher oder später die unbarmherzigen Knecht-Zwillinge mordend und brandschatzend durch die Lande marodieren werden. Falls sie – und einige Autorinnen halten das für äußert fraglich – ihr erstes Jahr überhaupt überstehen. Ich sag Ihnen was: Lesbe Haemmerli hats dagegen leicht.

Ich komme, um mich zu beschweren

Punkt 1: Weil eine der Milchglasplatten im Balkongeländer beim letzten Sturm zerbrochen ist, habe ich vor vier Wochen einen Glaser bestellt, der schon heute einen Termin frei hatte, und zwar zwischen sieben und elf. Sieben. In der Früh. Das ist kein schöner Zug.

Punkt 2: Der Glaser steht um 6 Uhr 45 vor der Tür. Das ist eine Sauerei; die Rache der Handwerker an den Menschen, die ein bisschen länger schlafen dürfen, diese Andere-Leute-müssen-aufstehen-für-ihr-Geld-Arroganz, wobei dem Handwerker, jedenfalls in Wien, montags bis donnerstags um 16 Uhr, freitags um 12 Uhr das Werkzeug naturgesetzmäßig aus den Fingern fällt, da greift die Handwerkerhand einfach nicht mehr, komme was wolle.

Punkt 3 schickt mir Haemmerli E-Mails mit dem Subjekt „Schatz, du musst jetzt stark sein und ab und zu den Faden zu deinem alten Leben aufnehmen", beschwert sich also, dass ich nicht wie früher, als ich noch ganztägig in einem Büro saß, seine Mails fünf Minuten nach ihrem Eintreffen mit wohl formulierten kleinen Kommentaren beantworte. Das von einem Mann, der mir nach wie vor seine „Mein Leben als Lesbe"-Dossiers schuldet. Ganz offensichtlich kann sich Haemmerli ein Leben ohne Bauchmuskulatur, aber mit sieben Kilo Bauch nicht vorstellen. Na gut, wie sollte er auch. Das Schwangersein wird ja in der Rezeption ständig total verniedlicht, und wie anstrengend und manchmal auch demütigend das alles sein kann, sagt einem ja keiner. Plus: Schwangersein macht blöd. Ja, Leserschaft, haha, ich Weiß, dass Ihnen das schon aufgefallen ist …

Punkt 4 hat das meine hiesige Jassrunde, mit der ich seit mehr als zehn Jahren regelmäßig spiele, scheints auch schon bemerkt, die Burschen finden ständig einen Vorwand, keine Zeit zu haben. (Was wiederum Fräulein Anka von der unlängst leider verblichenen Zürcher Band Swandive nicht weiter überraschen wird, die hatte einst in Zürich das Unvergnügen, mit mir jassen zu müssen, wobei wir gegen Ossi und Fipsi verloren, was zugegebenermaßen eine Schande ist. Ich habe zu meiner Verteidigung allerdings Folgendes vorzubringen: 1. Ihr Schweizer spielt in die falsche Richtung. 2. Eure Jasskarten sehen anders aus als unsere. 3. Ich war total betrunken.)

Punkt 5: Hiermit stelle ich den Antrag, dass Schwangerschaften in Hinkunft höchstens sieben Monate dauern sollen. In sieben Monaten hat man nämlich locker alle notwendigen Bücher gelesen, den Ikea-Wickeltisch zusammengebaut, die alten Babysachen der Freundesbabys abgeholt und den Langen, Haemmerli und den Rest des Bekanntenkreises bis Oberkante Unterlippe mit Ächz und Stöhn terrorisiert. Sieben Monate sind genug! Ich richte diese Rede ausdrücklich nicht an die Mimis – ihr bleibt da brav noch ein paar Wochen drin! -, sondern an die Evolution, der es schließlich auch gelungen ist, den europäischen Menschen in den letzten drei, vier Jahrhunderten um fast 30 Zentimeter größer werden zu lassen. Dagegen muss es doch ein Klacks sein, die Entwicklung eines Fetus ein wenig anzukurbeln.

Bei den Außerirdischen

Immerhin hat es auch ein paar Vorteile, Zwillinge zu kriegen. Erstens wird man von Ärzten und in Krankenhäusern bevorzugt behandelt, zweitens werfen einem andere Zwillingseltern kraft einer gewissen Arme-Schweine-Solidarität begeistert all jene Dinge nach, aus denen ihre Zwillinge bereits herausgewachsen sind. Aus diesem Grund schleppte ich den Langen und meinen Bauch gestern zu den Seidenbergs, und es war sehr nett dort: Ihre Zwillingsmädchen starrten uns mit ihren großen runden Außerirdischenaugen recht desinteressiert an und widmeten sich im Weiteren ihren offenbar sehr viel spannenderen Außerirdischentätigkeiten wie dem Versuch, mit einem Legostein eine Kerbe in den Parkettboden zu pecken oder eine Tube Rheumasalbe auszusaugen. Zwischendurch retteten sie routiniert ihr Leben, das von ihrem größeren Bruder in Zehnminutenabständen durch recht ungenierte Attacken bedroht wurde. Ach, das sei normal, sagte Mutter Seidenberg, das versuche er, seit die Zwillinge auf der Welt seien, und für die Zwillinge sei das doch eine ganz gute Einführung in den Verdrängungskampf da draußen. Dennoch legten der Lange und ich hinterher, als wir Wippen und Kindersitze und Anziehsachen im Auto verstauten, ein feierliches Bekenntnis zur Zweikindfamilie ab und gelobten lückenlose Verhütung, bis das Klimakterium uns erlöse.

Es ist nämlich nicht so, dass die Kinder anderer Leute irgendwie erträglicher geworden wären, nur weil wir jetzt selber in Erwartung sind. Die Kinder anderer Leute sind so fremd und störend wie immer und werden vom Langen und mir weiterhin argwöhnisch, wenn auch mit gesteigertem Interesse beobachtet. Zum Beispiel stellte ich neidisch fest, dass die Seidenberg-Kinder alle ordentliche Namen haben, was man von den Mimis bislang nicht behaupten kann, da alle meine Lieblingsnamen vom Langen abgelehnt und mit unterirdischen Gegenvorschlägen der Kategorie Wilma und Friederike, Hasi und Mausi, Nutella und Nivea oder Eins und Zwei gekontert werden.

An dieser Stelle rate ich allen Zartbesaiteten, die Lektüre zu beenden, denn es folgen Ausdrücke, die für Idylliker wenig geeignet, im Sinne der Wahrheit aber unumgänglich sind. Denn ich befürchte bereits, dass es bei uns zu Hause so ähnlich zugehen wird wie im Haushalt meiner hoch geschätzten Kollegin Fanny, die im Laufe von 20 Jahren vier Söhne gebar, die alle auf den Namen Arschloch hören. Genauso wie das Mama und Papa tun. Ich weiß das, weil ich eines Sonntags dort eingeladen war und beobachten durfte, wie sich die ganze Familie stundenlang beschimpfte, unter anderem mit Hilfe eines Haustelefons, das offenbar ausschließlich zu dem Zweck installiert worden war, den Bewohnern die Überwindung lästiger Distanzen zu ersparen, wenn ihnen nach ein bisschen Anbrüllen war.

Allerdings geschah diese Anbrüllerei auf der Basis großer gegenseitiger Zuneigung; man konnte sozusagen spüren, dass sich die ganze Familie Arschloch von Herzen liebt; auch wenn ich jetzt schwer beschreiben kann, wie. Trotzdem wünsche ich, dass die Mimis mit richtigen Namen aufwachsen.

Let's not talk about Sex

Ich liege gerade ein wenig im Krankenhaus – kein Problem, nein, die Mimis sind nur ein wenig wild und ungeduldig, danke der Nachfrage! -, wo man, wenn man wie ich nur Holzklasse krankenversichert ist, im Vierbettzimmer zumindest am Rande mal wieder etwas vom richtigen Leben da draußen mitkriegt. Jedenfalls, wenn man sich, wie ich, fast nur in Kreisen bewegt, die einen vor jeder Wahl sicher sein lassen, dass die Grünen diesmal ganz bestimmt 80 Prozent schaffen werden, während Haiders Recken diesmal die Fünf-Prozent-Hürde auf keinen Fall überwinden werden. Ich behaupte nicht, in der Realität according to the Mehrheit zu Hause zu sein.

Aber die Frau vis-a-vis von mir ist eine derartige Dummkuh, dass ich Ihnen ihre Lebensgeschichte lieber ersparen möchte, und die rechts von mir ist eben nach Haus gegangen, mit dem dritten Kind vom dritten Mann im Bauch. Alles nicht lustig. Der Lange, der brav jeden Tag zwei, drei Stunden neben meinem Bett sitzt und mein Handerl hält, sagt, na dann erzähl doch die Geschichte, wie der Pauli immer in den Swingerklub wollte und wie er jetzt ein wenig desillusioniert ist, weil er im Swingerklub war. Ungeachtet der Tatsache, dass die Geschichte von Pauli im Swingerklub wenig erotisches Potenzial birgt, bin ich derzeit etwas zu desexualisiert, um irgendetwas aus dem Themenkomplex Sex auf eine annähernd gschmackige Art erzählen zu können.

Zudem bin ich gewarnt von den abschreckenden Beispielen der beiden von mir wirklich hoch geschätzten amerikanischen Schriftsteller DeLillo und Updike, die sich seit einiger Zeit um den letzten Rest meines Respekts schreiben – der eine versetzt sich in die Psyche, der andere in den Körper knospender junger Frauen. Wobei ich vor allem dem Herrn Updike dringend raten möchte, den Griffel zur Ruhe zu legen und nie wieder derart grausliche Bücher wie „Brasilien“ und „Gott und die Wilmots“ zu verfassen, danke schön. In der Dreiheiligkeit Updike-DeLillo-Roth hat es einzig Philip Roth geschafft, im Alter nicht nur verschwitzt (das schon auch, aber mit einer lobenswerten Selbstironie), sondern auch richtig weise zu werden, ohne seine Wut zu opfern, und er ist vor allem in der Lage, diese Wut und diese Weisheit brillant zu formulieren. Deshalb, Leserschaft, lesen Sie jetzt bitte sofort „Der menschliche Makel“. Unter anderem, weil ich befürchte, dass ich im Augenblick nicht weiterschreiben kann. Irgendwas drückt mich. Das ist … Das ist … Schwester? SCHWESTER!!!!!!

What a difference a day makes

Schließlich hab ich zum Langen gesagt, so, ich will jetzt sofort ins „Rhiz“ und endlich mal wieder Bier trinken. Das haben wir gemacht, und ich stellte fest, dass der „Rhiz“-Barhocker wieder gut an meinen Hintern passt und das kleine Starobrno mir noch immer ausgezeichnet schmeckt; das zweite übrigens auch. Als wir dann vernünftig sein und gehen wollten, kam der Herbie Molin, der Wirt vom „Rhiz“, von der „Blue Box“ und vom „B72“, den ich schon ewig nicht gesehen hatte, und sagte, no, wie gehts, und ich sagte, ausgezeichnet, wir haben vor zehn Tagen zwei hübsche Mädels gekriegt. Der Herbie hat gesagt, gratuliere, und ich hab gesagt, danke und wie gehts selbst?, und der Herbie hat gesagt, eh gut, leider ist grad das „B72“ abgebrannt. Ich hab gesagt, oje!, das ist aber blöd, und der Herbie hat gesagt, ja genau, und dann hab ich etwas gesagt, das ich ein halbes Jahr nicht mehr gesagt habe: Ich sagte: Ach was, eins geht noch.

Nur weil Sie sich Sorgen machen: Den Mimis geht es ausgezeichnet. Sie sind gesund. Sie sind süß. Sie sind unerhört schön. Sie haben sich bloß zwei Monate zu früh den Weg in die Welt freigetreten und sind deshalb etwas zu klein und dünn geraten, weshalb wir nach einer anstrengenden Odyssee von hier nach da und dort jetzt zusammen in einer Kinderklinik wohnen, und eben hatte ich meine ersten zwei Stunden Freigang. Die Mimis liegen in einem beheizten Bett, lernen zu trinken, ihre Körpertemperatur zu halten, die Schwerkraft zu ertragen und tapfer gegen das grelle Licht in dieser Welt anzublinzeln. Während ich – wenn möglich gemeinsam mit dem Langen – ihnen die Ohren voll quatsche, sie abschmuse, streichle, wickle, bade, füttere und so lieb habe, wie ich nie dachte, dass ich jemanden je lieb haben könnte.

Dabei hatten wir keinen romantischen Start. Ich erspare Ihnen die Details, aber die Mimis wurden aus mir rausgeschnitten, sofort in die Neonatologie gebracht, und am ersten Tag durfte ich sie vielleicht zehn Minuten lang im Arm halten. Und als ich am nächsten Tag endlich richtig an ihnen schnuppern und sie bestaunen konnte, erschienen drei Ärzte und zwei Schwestern und erklärten mir, dass sie mir die Mimis nun wieder wegnehmen und in einer weit entfernten Kinderstation unterbringen würden. Da hätten Sie mich sehen sollen. Mir ist das Wasser praktisch waagrecht aus den Augen gespritzt. Ich hab geschluchzt, dass sie mir bittebittebitte nicht meine Kinder wegnehmen dürfen! Weil es den Mimis auf keinen Fall irgendwo anders besser gehen kann als bei mir! Bitte nicht!!

Genutzt hat es nichts. Also hab ich die Mimis im Rollstuhl heulend in die Station begleitet, hab ein paar Stunden heulend zwischen ihren Brutkästen gesessen, hab zurück in meinem Zimmer mit dem Heulen nicht mehr aufhören können und mich in der Nacht schließlich nochmal zu den Mimis rollen lassen, wo ich ihnen beim Schlafen zugesehen und mich langsam beruhigt habe. Und als ich mich dabei erwischte, wie ich überlegte, an wie vielen Toden die Mimis sterben könnten, während ich rasch auf die Toilette schlurfe, da wurde mir klar, dass ich nun Mutter bin; und es für immer sein werde. What a difference a day makes.

Ende der Schonzeit

Mails und Briefe des Inhalts, ich solle doch bitte keine Zeile mehr schreiben, solange ich schwanger sei (und wenn möglich auch hinterher), habe ich bis vor etwa drei Wochen mit demütigsten Entschuldigungen erwidert. Seither beantworte ich sie wieder wie früher mit dem Hinweis, dass „Drüberblättern", „Seiterausreißen" und „andere Zeitung lesen" zu den kollektiven eidgenössischen Kulturtechniken gehören, seit der totalitäre Sozialismus in der Schweiz abgeschafft wurde; trotzdem danke für Ihre Anregung.

Falls ich sie überhaupt beantworte, denn seit ungefähr drei Wochen bin ich nicht mehr schwanger, habe also erstens empfindlich weniger überflüssige Zeit (weshalb ich mich hiermit bei den Verfassern netter Leserbriefe dafür entschuldige, dass ich Ihnen ebenfalls nie antworte). Zweitens bin ich kein Opfer hormoneller, emotionaler und mentaler Labilitäten mehr, kann also einerseits wieder mit einiger Sicherheit zwischen deppert und nicht deppert unterscheiden, und geniere mich anderseits nicht mehr für mein Dasein. Also Vorsicht. Auch wenn ich mich – und das ist kein Witz – nicht mehr daran erinnern kann, wie es sich anfühlte, schwanger zu sein; ich habe bloß noch eine Ahnung davon, dass es einigermaßen beschissen war. Denn interessanterweise ist der Mutterwahn weit weniger schlimm als der Schwangerschaftswahn, weil es sich beim Mutterwahn um etwas Logisches, Scharfkantiges, Abgegrenztes, streng auf die Mimis Reduziertes und von Hormonschüben Unbelastetes handelt, was man vom Schwangerschaftswahn nicht behaupten kann, das war wie acht, neun Monate durchgehend bekifft und also völlig kaputt im Schädel sein.

Aber wir waren ein letztes Mal beim Schwangersein, das einem das Dasein sozusagen 24 Stunden am Tag mit hormonellem Dauergaga versaut, während das Muttersein sich abstrahieren, konzentrieren und flexibel handhaben lässt: Jetzt bete ich die Mimis an, jetzt trink ich im Kreise der Freundinnen ein, zwei, drei Martinis, jetzt füttere ich die Mimis, jetzt mail ich Haemmerli was Schweinisches, jetzt tret ich mal Sedlacek ein bisschen in den Hintern, jetzt schick ich Dr. Robert und den anderen Zürcher Freundinnen endlich ein paar Mimi-Fotos, und jetzt erzähle ich vielleicht noch schnell, dass die Mimis am Ende doch noch mit ordentlichen Namen versehen wurden. Ordentlich in dem Sinne, dass den Mimis ein würdevolles Heranwachsen nicht schon durch ihre Namen verunmöglicht wird, wie Pospischil junior, der vor den Mimis am Standesamt eingetragen wurde. Die Standesbeamtin: „Muhammed Ali mit oder ohne Bindestrich?" Vater Pospischil: „Äh … mit. Oder doch ohne?"

Reine Theorie

Schnell, schnell. Die fabelhaften Mimis schlafen gerade, was sie nicht mehr so häufig tun wie noch vor einer Woche. Eigentlich schlafen sie kaum mehr, nur noch nach dem Essen. Das gilt leider auch für die Nacht, und was das jeden Morgen für mich heißt, fasste Raymond Chandler in „The Big Sleep" in einem der wahrsten Sätze der Literaturgeschichte zusammen: „I'm old, tired and full of no coffee." Obwohl das im Augenblick nicht mehr stimmt, denn wir haben gerade gefrühstückt, die Mimis und ich, und dazu „Heartbreaker", das erste Soloalbum von Ryan Adams gehört; den finden wir gut. Besonders ich. Das ist wenig originell, alle alten Weiber mit Vergangenheit, die Bob Dylan mögen, finden Ryan Adams gut. Ryan Adams ist genau der Typ, den sich Frauen wie ich – und ich spreche hier rein theoretisch, gell, lieber Langer? – als Liebhaber wünschen: weil er a) jung, b) hübsch, c) talentiert, d) draufgängerisch, e) selbstbewusst, f) klug und g) sensibel ist. Bitte merken Sie sich diese Aufzählung, die brauchen wir später noch.

Erstaunlicherweise scheint der Typ Ryan Adams in der Realität nicht nur tatsächlich zu existieren, er dürfte auch – was ihn zusätzlich auszeichnet – ein Faible für erfahrene Damen haben. Zumindest gilt das für die Buben, die Kathi und Mizzi gerade leidlich erfolgreich den Hof machen. Speziell Mizzi, die mir, wenn wir uns heute Abend im Café „Engländer" ein paar Achterl einziehen, wieder von ihrem Buben vorschwärmen wird, der seit einigen Monaten ihren Alltag aufpeppt. Der Bub, das konnte ich, als er Mizzi letztes Mal vom Mädelsabend abholte, sehen, ist ein recht herrliches Geschöpf;

mit blühenden Backen, blitzendem Blick, knackigem Popsch, zupackenden Händen und einem für einen Twentysomething gut ausgebildeten Gehirn, das er – braver Bub! – auch während der Konversation einsetzte.

Und es ist wahrscheinlich kein Zufall, dass solches für alle Buben meiner Freundinnen signifikant ist und den Unterschied zu den jugendlichen Geliebten älterer Herren markiert, was Sedlacek, der gerade ungern auf die 40 zumarschiert, mal wieder exemplarisch mit einer neuen jungen, hübschen Geliebten vorführt. Haben Sie die Aufzählung noch parat? Denn selbstverständlich gelten außer den Attributen a) und b) die weiteren nicht für Sedlaceks Begleiterinnen. c), d), e), f), g) sind weder gefordert noch erwünscht, da Sedlacek, wie er mir erklärte, nicht darauf erpicht ist, mit seinen Begleiterinnen in eine intellektuelle Konkurrenz zu treten (was Sedlacek ohnehin nicht passieren kann, aber das ist ihm nicht so bewusst). Während die meisten Frauen (respektive alle meine Freundinnen) auch von einem jugendlichen Liebhaber mehr als nur körperliche Talente erwarten. Er soll ruhig klug sein. Er darf schon mal was gelesen haben. Er soll schon auch ansehnlich sein, aber er darf durchaus auch eine eigene Meinung haben und dieser Ausdruck verleihen. Und er darf ohne Weiteres auch was können: Denn Frauen wie uns kann man auch ins Bett debattieren, formulieren oder – Ryan Adams wird das vermutlich bestätigen – musizieren. Das war jetzt wieder rein theoretisch, lieber Langer.

Konfektionsgröße 12

Was ich Ihnen nie erzählt habe: Ich hab ja erst vor zwei Jahren das Autofahren gelernt. Gelernt im Sinne von: Ich hab die Prüfung bestanden. Bloß bin ich danach nur einmal gefahren, auf dem Land, mit meiner Schwester. Aber jetzt, als Mimimami mit Tagesfreizeit, ist fahrerisches Geschick gefragt, also fahre ich. Soeben konnte ich Sedlacek am Telefon stolz berichten, wie ich heute zum ersten Mal völlig allein und ohne des Langen Aufsicht Auto gefahren bin und wie ausgezeichnet alles gelaufen ist, und dass der freundliche ältere Herr, der mein Auto schließlich aus der Parklücke in der Parkgarage befreite, auch der Meinung war, dass ich den Wagen wirklich originell in die Lücke gewuzelt hatte. Der Herr war auf mich aufmerksam geworden, als ich gerade beabsichtigte, den Rückspiegel des Nebenautos mit Hilfe meiner Beifahrertür zu entfernen. Glücklicherweise war ich schneller wieder bei meinem Wagen als der Besitzer des geretteten Rückspiegels, der allerhöchstens Konfektionsgröße 12 hätte haben dürfen; fahrerseitig …

Wenn der mir aus Rache die Reifen zerstochen hätte, ich hätte das glatt entschuldigt. Der Lange, Mitbesitzer meines Autos, vermutlich weniger. Der Lange hätte mir den Kopf abgerissen. Denn der Lange ist gatten- und vatertechnisch ein vorbildlicher Mann, beifahrertechnisch aber nicht. Als ich den Wagen gestern – und die Mimis in ihren Sitzschalen sahen keinerlei Grund, sich über meinen Fahrstil zu beschweren – aufs Land, in Richtung Donau-Strand steuerte, saß der Lange auf dem Beifahrersitz und machte mich mit seinem Geseufze und Augenverdrehen und Hände vors Gesicht schlagen komplett narrisch. Das habe ich, herrgottnochmal, auch gehört, dass das Getriebe geknirscht hat, das braucht er mir nicht auch noch mit einem Zischen bestätigen. Und dass man rechts und links verwechselt, kann bitte vorkommen, ich finde es nicht notwendig, dass man deswegen gleich brülllt. Und die Frage „Kreuz und Zwirn! Was machst du denn da um Himmelswillen!?!?“ kann ich eben gerade nicht beantworten. Ich muss zugeben, dass ich auf der Rückfahrt auf dem Beifahrersitz drei kleine Worte mit einer gewissen Genugtuung formuliert habe. Rot. ROT! ROOOOOT!!!! Danke, wir sind alle gesund.

Apropos gesund, jetzt muss ich mich endlich mal für die vielen netten Gratulationen zur Geburt der Mimis bedanken: Danke, liebe Leserinnen! Danke, liebe Leser! Danke, lieber Urs Widmer! Letzterem gegengratuliere ich allerherzlichst zur gelungenen Opawerdung, die scheints ähnlich intensive Gefühle auslöst wie die Mutterwerdung, und das unter Ausschluss jedweder körperlichen Versehrtheit, wie ich neidvoll annehme. Sie passen doch sicher noch in alle Ihre Hosen, Herr Widmer, nicht wahr? Aber vielleicht nehmen moderne engagierte Großväter ja während der Schwangerschaft ihrer Töchter und Schwiegertöchter solidarisch zu, wie moderne engagierte Väter mit ihren Frauen. Ich fände das reizend.

You're a big girl now

Bis vor ein paar Wochen habe ich jedem – auch Ihnen, falls Sie sich erinnern -, der mich nach dem Befinden von Mimis und Mami gefragt hat, gesagt: Es ist herrlich, es ist babyleicht, es ist gar nicht anstrengend, aber fragen Sie mich in vier Wochen nochmal, wenn die Mimis mehr als drei Stunden täglich wach sind. Diese vier Wochen waren schon nach 18 Tagen zweifelsfrei um, und das Mail, in dem mich meine Freundin Pia wegen meiner Junge-Liebhaber-Kolumne des galoppierenden Schwachsinns bezichtigt hat, beantworte ich nun schon seit fünf Tagen. Dreieinhalb Sätze zu meiner Verteidigung hab ich schon beisammen. Denn jetzt sind die Mimis oft wach, oft abwechselnd, und wenn sie wach sind, wollen sie unterhalten werden, die vergnügungssüchtigen kleinen Monster. Jetzt zum Beispiel schlummert die eine Mimi zufrieden in ihrer Wippe, während ich die andere Wippe mit meinem rechten Fuß ihrer Bestimmung zuzuführen habe, und zwar gleichmäßig, weil die andere Mimi sonst empört ihren Schnuller ausspucken wird, fuchteln, losbrüllen und damit die eine Mimi aufwecken, die empört ihren Schnuller ausspucken wird und so weiter; jedenfalls habe ich dann einen hübschen Stereogesang beieinander, da kann Michael Hurley, dessen Song „The Rue of Ruby Whores" von seinem schönen neuen Album „Sweetkorn" ich gerade höre, die Klampfe einpacken. Immerhin hab ich jetzt seit dem Wort „gleichmäßig" störungsfr... Tja. Bis später, Leserschaft.

Nachdem ich mich letztes Mal über zu kleine Hosen beklagte, habe ich jetzt beschlossen, dass abgenommen wird, und der Lange, der ja brav solidarschwanger war und sozusagen noch immer ist, hat ein gewisses Interesse daran gezeigt, an meiner Diät zu partizipieren. Er begehrte also zu wissen, was es da so zu essen gibt, und ich hab gesagt, Obst und Magerjogurt und Knäckebrot mit Hüttenkäse light und Putenschinken und Tomaten und am Abend einen Salat ohne Hauptspeise, und der Lange hat gesagt, Himmel, davon wird doch kein Mensch satt, und ich hab versucht ihm zu erklären, dass das sozusagen der Knackpunkt einer Diät ist. Aber der Lange hat gesagt, Hüttenkäse ist was für Mädchen, ein richtiger Mann lehnt das ab, denn ein richtiger Mann trägt keine kurzen Hosen, fährt nicht mit einem Kinderroller, isst keinen Hüttenkäse und aus. Und das ist vollkommen in Ordnung mit mir, solange all die momentan notwendigen Babyverrichtungen nicht mit des Langen Definition echter Männlichkeit kollidieren, und das scheinen sie nicht zu tun.

Und zwar überhaupt nicht. Ich kenne Männer, die finden es unmännlich, auch nur neben ihrem Kinderwagen herzugehen (Schieben? Nie! im! Leben!!), und der Lange hat früher, wenn uns Freunde mit Nachwuchs besucht haben, zu diesem jeweils genau einen Satz gesprochen: Bleib bloß von meinen Platten weg. Ich gebe zu, dass auch ich überrascht bin, dass der Lange jetzt mit seinen eigenen Mimis nicht das geringste Problem hat, auch dann nicht, wenn sie aus Leibeskräften herumkrakelen oder ihre Windeln voll gekackt haben. Und darüber bin ich so froh, da kann er von mir aus die nächsten fünf Jahre auf Schweinsbraten-und-Bier-Diät sein, das ist mir völlig egal.

Der pure Luxus

Man kann gegen Sedlacek viel sagen, und manche meiner Freunde tun das oft und gern, aber Sedlacek hat ein gutes Gespür fürs schöne Leben. Sedlacek weiß, wie man sich gut anzieht, ohne eitel zu wirken. In Sedlaceks Wohnzimmer stehen die denkbar schicksten Fauteuils, und erstaunlicherweise sitzt man darin sehr bequem. Vor allem aber weiß Sedlacek, wie man richtig isst und trinkt.

Ich hab Sedlacek richtig kennen gelernt, als der Lange und ich uns mal für ein Jahr getrennt haben und ich also Single war. Nun unterstellt mir meine Freundin Pia wegen der Junge-Liebhaber-Kolumne, dass ich das Singledasein nicht ernst nähme – nämlich zum Beispiel ihr glückliches, erfülltes Singledasein inklusive selbst gewählter sexueller Askese. Seit neun Monaten keinen Sex, sagt Pia, und weißt du was, es ging mir nie besser, was ich ihr glaube, denn wenn Pia Sex will, kriegt sie ihn problemlos. Ich vertraue Pias Erfahrung also, viel mehr noch allerdings vertraue ich meiner eigenen, und ich sage: Ich hab das Alleinsein ein Jahr lang probiert, und mir hat es nicht gefallen. (Ja, sagt Pia, und ich weiß auch warum, du brauchtest doch nach drei Monaten ohne Sex eine Psychotherapie zur Totalsanierung deines Selbstwertgefühls, oder erinnere ich mich falsch?, und ich muss leider sagen: Nein.) Warum der Lange und ich uns damals getrennt haben? Weiß nicht mehr. Wahrscheinlich, weil wir davor schon knapp 54 Jahre lang zusammen waren und nicht mehr wussten, warum. Danach wussten wir es wieder.

Das einzig Gute an diesem Jahr war jedenfalls Sedlacek und sein Gespür für Genuss. Plus: sein ausgeprägter Wunsch, mich in den tollsten Restaurants der Stadt daran teilhaben zu lassen. Ich hatte eine wirklich gute Zeit mit ihm. Letzten Mittwoch war ich mal wieder wie früher mit Sedlacek in einem feinen Restaurant zum Mittagessen verabredet – mit dem einzigen Unterschied, dass diesmal die Mimis mit dabei waren. Sedlacek ist in allen feinen Restaurants der Stadt wohl bekannt, denn wo Sedlacek einmal diniert hat, erinnert man sich für alle Ewigkeit an ihn. Erstens, weil er sich auffallend schlecht benimmt. Zweitens, weil er das mit Lob und Hurra und satten Trinkgeldern ausgleicht, wenn ihm das Essen, der Wein, das Service behagt haben. (Gnade Gott dem Wirt, wenn nicht.) Drittens, weil sich Sedlacek beim Essen und beim Wein wirklich auskennt.

In dieser Disziplin kann man was lernen von Sedlacek. Denn wenn Sedlacek isst und trinkt, dann gibt es vorübergehend nichts Wichtigeres auf der Welt als diese herrliche Flasche Wein, diesen wunderbaren Fisch und dieses angeregte Gespräch; man isst, man trinkt, man redet, man trinkt, man lässt den Mittag vorüberziehen, man trinkt, man busselt die Mimis und gibt ihnen auch ein Flascherl, man redet, man isst noch eine Kleinigkeit, man trinkt, man lässt den Nachmittag in den Mittag hereinwachsen, und es spielt nichts eine Rolle, Geld nicht, Verpflichtungen nicht, vor allem: Zeit nicht … Die Zeit bleibt sozusagen stehen. Es ist der pure Luxus. Himmel, mir war gar nicht mehr bewusst, wie sehr ich Sedlacek vermisst habe.

Wo ist mein Masseur?

Schwiegermutter hat eines ihrer fünfzeiligen E-Mails geschickt, und wie immer, wenn man einen braucht, ist wieder mal kein Masseur zur Hand, der den eisenharten Knoten weich massieren könnte, in den sich mein Nacken während der Lektüre verwandelte. Also laufe ich auf die Terrasse und hyperventiliere ein wenig.

Ich mag Schwiegermutter. Schwiegermutter ist eine nette, lustige Person. Sie ist eine patente Frau. Sie ist großzügig und hilfsbereit. Und sie erinnert mich gerne daran, dass ich ein Nervensystem habe, und zwar ein sensibles. Während sich andere Menschen – selbst Sedlacek, selbst die Mimis – schon sehr anstrengen müssen, um mich aus der Fassung zu bringen, hat Schwiegermutter dieses besondere Talent, mich ganz nebenbei, sozusagen als Fingerübung, auf die Palme zu jagen. Und zwar so. Diesmal beklagt Schwiegermutter, dass ich schon wieder keine Fotos von den Mimis gemailt habe. Seit, bitte schön, zehn Tagen nicht! (Als ich vor zehn Tagen unaufgefordert mehrere, nur Minuten zuvor aufgenommene Fotos von den Mimis schickte, mailte Schwiegermutter zurück: Schön und gut, aber könnte ich vielleicht endlich einmal ein Foto schicken, auf dem auch die andere Mimi die Augen offen hat? „Augen offen" unterstrichen. Nur wegen dieser Unterstreichung wollte ich schon durch die Wand springen.) Schwiegermutter schreibt nun, ob ich sie nicht mehr mag, und dass Schwiegervater jetzt jeden Tag nach neuen Mimi-Fotos frage, und ob ich jetzt nicht endlich welche schicken könnte, denn wie du weißt, schreibt Schwiegermutter mit einem hörbaren Seufzer, ist Vater jetzt auch schon bald 70 und nicht mehr der Fitteste.

Das bedeutet natürlich zweierlei. Erstens möchte mir Schwiegermutter sagen, dass Schwiegervater (der zwar nicht mehr der jüngste, aber auch nicht ausgesprochen gebrechlich ist), jeden Moment dahinscheiden könnte; wäre es da nicht gut, er hätte vorher wenigstens noch die neuesten Mimi-Fotos gesehen? Zweitens, so teilt mir Schwiegermutter zwischen ihren fünf E-Mail-Zeilen mit, könnte der Umstand, dass Schwiegervater auch heute wieder keine Fotos von seinen rosigen Enkelinnen bekommen hat, sein Verweilen auf dieser Welt rapide verkürzen; und würde ich wirklich mit dieser Schuld leben wollen? Will ich das?

Apropos Schuld. Natürlich geht es mir zu Herzen, wenn die geneigte Leserschaft, wie kürzlich geschehen, in ihren Schreiben der Ansicht Ausdruck verleiht, dass mein Leben mit den Mimis niemanden auch nur einen Dreck interessiere. Schluchz. Allerdings hatte auch der große Essayist Michel de Montaigne mit derartiger Kritik zu leben: Als er in seinen soeben wieder veröffentlichten Reisetagebüchern von 1580 und 1581 auch die Beschaffenheit seines Urins genau dokumentierte, erkannte einzig Goethe das Avantgardistische dieses Tuns. Montaigne streifte während seiner Reise übrigens auch die Deutschschweiz, allerdings fand er darüber nicht sonderlich viel zu berichten. Immerhin stellte er in Basel fest, dass die Teller dort „denkbar sauber und blank“ seien. Womit bewiesen wäre, dass die Schweiz wenigstens in punkto Hygiene über jahrhundertealte Traditionen verfügt.

Don't try this at home

Wann immer ich versuche, ein gewisses Bildungsniveau zu beweisen, mache ich mich sofort zum Affen. Die Zuschriften, die mich erbost bezüglich Montaigne korrigieren, den ich letztes Mal bemühte, sind sicherlich bereits auf dem Postweg, mit Feder und Tinte verfasst, wie ich das von echten Montaigne-Experten erwarte. Die Zurechtweisung bezüglich Chandler ist schon da und kam passenderweise per E-Mail, denn „I'm old, tired and full of no coffee" entstamme, so Leser Y. G. R., keineswegs dem Roman „The Big Sleep", sondern finde sich in „Playback", was ich momentan nicht verifizieren kann, da meine Ausgaben dieser Werke sich in Wien befinden, ich aber nicht. Wir sind auf Reisen, der Lange, die Mimis und ich.

Und im Unterschied zu Montaigne kamen wir auf unserer Reise auch nach Zürich, und da wir gerade beim Zurechtweisen sind, muss mich zuerst schnell über zwei augenfällige Veränderungen beschweren: Erstens beliebt der Zürcher Autofahrer vor dem Zebrastreifen nicht mehr stets stehen zu bleiben, wie er das bis März absolut verlässlich getan hat. Ich habe während meiner Zeit in Zürich meine Wiener Gäste gerne mit einem kleinen Kunststück in hysterisches Geschrei versetzt, indem ich – don't try this at home, kids! – mit geschlossenen Augen, ohne vorher rechts und links geschaut zu haben, auf den Zebrastreifen trat und diesen immer lebend und unversehrt überschritt. In Wien, wo es Autolenkern ebenfalls gesetzlich vorgeschrieben ist, vor Zebrastreifen zu halten, würde man mit hundertprozentiger Sicherheit beim ersten derartigen Versuch totgefahren werden. In Zürich nun gleichfalls; und damit ist ein weiterer Schritt in Richtung EU-Tauglichkeit getan.

Zweitens ist das Personal in den Lokalen unfreundlicher geworden; wie ich zuerst ein wenig im Café „Gloria“ und dann wesentlich massiver im „Terrasse“ beobachten durfte. Im Garten des „Terrasse“ wurde ich beinahe wirklich böse und hatte mir auch schon ausgedacht, wie ich reagieren würde, wenn mir dieser offenbar enorm wichtige Mensch, der die Kellner herumkommandierte, tatsächlich blöd gekommen wäre. Er intensivierte dann aber nur die Missbilligung in seinem Blick. Unser Vergehen war offensichtlich; a) konsumierten der Lange und ich samstagmittags um halb zwei an einem Tisch, der eindeutig mit Messern und Gabeln gekennzeichnet war, nur mehrere Getränke, b) greinte währenddessen eine der Mimis auf meinem Schoss. Beides ist, so teilten mir die Blicke von Herrn Wichtig unmissverständlich mit, im „Terrasse“ streng verboten.

Doch, ich erspare wann immer möglich den anderen Gästen gediegener Restaurants meine greinenden Kinder, schon weil ich in meiner Prä-Mimi-Zeit allen anderen Eltern dankbar war, dass ich im gediegenen Restaurant ohne Kindergeschrei speisen durfte. Ich vergesse so was nicht. Allerdings handelt es sich beim Garten des „Terrasse“ um eine begrünte Verkehrsinsel zwischen, wenn ich mich recht erinnere, einer zwei- und einer dreispurigen Straße, wo also von vornherein nicht die Ruhe einer nächtlichen Kathedrale herrscht. Egal, ansonsten war es toll in Zürich, und natürlich hab ich Haemmerli getroffen; über beides wird noch zu berichten sein.

Haemmerli B. Goode

Auf unserer Reise verschlug es uns auch in Gegenden, in denen Sätze mit den Worten beginnen können: „Als ich gestern gerade die Fransen meiner Teppiche kämmte, klingelte es an der Tür und …“ Nein, Sie wollen ganz bestimmt nicht wissen, wie der Satz weitergeht.

Diese Konversation wurde nicht in Zürich geführt, in Zürich war es schön. Ich trank mit Haemmerli, die Mimis krallten sich glücklich in Rosis und Kathis große, weiche Brüste (so was kriegen sie ja zu Hause nicht), verschliefen aber Rosis komplettes Gartenfest, weshalb ihre Schönheit und Anmut von Dr. Robert und den anderen Zürcher Freunden im Dunkeln kaum ausreichend gewürdigt werden konnte. Und, ach ja!, wir wohnten bei Ossi, mit dem ich, wer sich erinnert, früher schon wohnte.

Sie haben Ossi wohnungstauschtechnisch ja schwer im Stich gelassen, Leserinnen und Leser, wofür ich Ihnen insgeheim herzlich danke. Auf diese Weise konnten der Lange, die Mimis und ich zusammen in meinem Ex-Zimmer in meinem Ex-Bett schlafen, weil Ossi noch immer allein in meiner Ex-Unterkunft lebt. Es ist quasi alles unverändert; selbst das Platzerl, an dem früher meine Filterkaffeemaschine wohnte, war noch unverbaut, sodass ich dort den Flascherlwärmer der Mimis parken konnte – ein Gerät von radikaler Funktionalität, das Ossi mit ähnlichem Misstrauen anäugte, wie einst mein Kaffeebrühgerät. Es war alles fast wie früher, und eine Stunde oder so fläzten Ossi und ich wie einst auf seinem Sofa und sprachen über die Liebe und Verwandtes. Es war sehr heimelig.

Auch mit Haemmerli hab ich über Amouröses gesprochen, und zwar höchst Erbauliches. Denn Haemmerli tut Gutes, hat folglich ein feines Karma und wird deshalb mit Glück in der Liebe belohnt: Derartige Gerechtigkeit ist vorbildlich und selten. Ich weiß, dass Sie jetzt spitz sind auf all die amourösen Details, die mir Haemmerli in der Abendsonne vor der „Sport-Bar" erzählte, aber ich finde ausnahmsweise die politischen interessanter. Denn Haemmerli ist derzeit hauptberuflich Lobbyist für das Gute, indem er einerseits mithilft, die Schweizer Goldreserven für die nächste Generation zu bewahren und ansonsten unter den Armen zu verteilen, andererseits veranstaltet er Partys, auf denen für eine bessere Welt im Allgemeinen, ein Partnerschaftsgesetz für Lesben und Schwulen im Besonderen gesoffen wird. Vor der „Sport-Bar" hat mir Haemmerli jedenfalls einen hübschen, von Mickry 3 (drei junge Künstlerinnen, von denen Sie noch hören werden, falls Sie nicht eh schon gehört haben) gestalteten Flyer in die Hand gedrückt, auf dem ich etwas wie verliebte Penisse und tanzende Muschis erkannte. Das tat, wie ich von Haemmerli erfuhr, auch eine fürs Drucken zuständige freisinnige Dame, und die fand das arg obszön und gar nicht schön und wollte intervenieren. Aber Haemmerli hatte glücklicherweise schon gedruckt.

Supermummys Rise and Fall

Mizzi ruft mich an und fragt, wie es mir und den Mimis geht, und ich sage, Mizzi, die Mimis sind die süßesten Babys der Welt, wenn sie nicht gerade brüllen, aber sie brüllen die meiste Zeit, es ist unfassbar anstrengend, und ich komme zu nichts mehr und habe mich seit Tagen nicht angezogen, was egal ist, weil ich ja doch nur von früh bis spät von oben bis unten voll gekotzt werde, und ich bin zu erschöpft, mir zu überlegen, was ich gerne machen würde, wenn ich nicht so erschöpft wäre. Mizzi sagt, na endlich, denn sie hat dieses Gequatsche von wegen es ist alles nur eine Frage der Organisation von diesen ach so gelassenen Supermamis so was von über, sie kann es nicht mehr hören, dass Kind und Beruf und Haushalt alles kein Problem ist, und sie bedankt sich, sagt Mizzi, im Namen aller Mütter, die bereits bei einem Kind nicht mehr wissen, wo ihnen der Kopf steht, ganz herzlich für dieses Eingeständnis meiner Durchschnittlichkeit und dafür, dass es mir manchmal richtig dreckig geht.

Bitte, gern geschehen. Denn: Oh ja, manchmal geht es mir richtig dreckig. Manchmal, wenn die Mimis abends die Dämmerung anplärren, setze ich mich dazu und plärre ein bisschen mit. Es war ein erfolgreicher Vormittag, wenn es mir gelungen ist, mich zu duschen. Meine derzeit anspruchsvollste Lektüre sind Rezepte von Gerichten, die ich zubereiten würde, wenn ich mal Zeit hätte. Oder wenn ich es schaffen würde, aus dem Haus zu kommen, um die Zutaten zu besorgen. Kürzlich wollte ich schnell was einkaufen – Windeln und Poposalbe und Feuchttücher und solches Zeug -, und als ich endlich beide brüllenden Mimis eingepackt und auf der Straße hatte, die eine umgehängt im Babysack, die andere im Buggy, da stellte ich fest, dass ich in Pantoffeln war. Und ich fing fast an zu weinen, als ich mein Spiegelbild im Schaufenster des Drogeriemarktes sah: bleich, schwabbelig, ungeschminkt, mit strähnigem Haar. Ich hörte erst auf zu schluchzen, als ich feststellte, dass mich das Schicksal von gemusterten Leggings verschont hatte. Es gibt vielleicht noch Hoffnung. Der Grad meines fortschreitenden Derangements lässt sich am besten so veranschaulichen: An einem guten Tag überfällt mich der Drang, mich zu betrinken, erst gegen fünf Uhr am Nachmittag. An einem sehr guten Tag gebe ich ihm nicht vor halb sechs nach. So, jetzt ist es heraussen: Supermami wohnt hier nicht mehr.

My Back shoes

Mit einem Zwillingskinderwagen durch Wien zu gehen, ist nämlich, als hätte man ein Schild mit den Worten „BITTE QUATSCHEN SIE MICH BLÖD AN!“ um den Hals. Dabei sind die Mimis nur Zwillinge. Keine siamesischen Zwillinge. Ich machs jetzt immer wie ein beliebter österreichischer Ex-Nachrichtenmoderator, der einst in einem Interview gefragt wurde, warum er, wenn er auf der Straße gehe, immer vor sich hin pfeife. Er antwortete: Weil niemand einen pfeifenden Mann anquatscht. Das gilt, wie ich bestätigen kann, auch für eine pfeifende Frau, die einen Zwillingswagen schiebt. Momentan pfeif ich „My Back Pages“, meinen aktuellen Dylan-Lieblingssong; weil er so schön ist und weil sein Refrain so schön zu meinem derzeitigen Leben passt. „Ah, but I was so much older then, I'm younger than that now.“

Das bezieht sich leider auch auf meinen Umgang mit Stöckelschuhen. Ich musste meine Stilettos entsorgen, alle acht Paar. Sie passen einfach nicht mehr zu meinem Leben als Mimimama. Ich muss hier etwas ausholen: Man kann Stilettos auf verschiedene Arten tragen; wie ein 21-jähriges Model, das dem „Vogue“-Cover entgegenstöckelt, wie eine Nutte auf dem Strich oder wie eine erwachsene Frau in einem Kreativberuf mit einem Hang zum Fashionvictimismus, die es nicht nötig hat, längere Strecken per pedes zurückzulegen, und größere Teile ihres Einkommens in Taxitaxen anlegt.

Letzteres beschreibt in etwa mein prämimimaternales Ich, aber damals war ich, und hier streifen wir wieder Dylan, viel älter als jetzt. Tatsächlich hat mich Sedlacek kürzlich, während eines seiner seltenen Anrufe, gefragt, ob ich mich seit den Mimis jünger oder älter fühle, und ich dachte kurz nach und sagte, weder noch, aber hinterher wurde mir klar, dass das nicht stimmt. Ich fühle mich jung und immer jünger, und wenn ich auch leider nie mehr ein 21-jähriges Model werde, komme ich doch allmählich in das Alter, das mich zum Tragen einer Freitag-Tasche prädestiniert. Während meiner ganzen Zeit in Zürich hab ich mich dem Erwerb einer Freitag-Tasche entschieden verweigert, aber ich glaube, jetzt bin ich so weit. Sie passt irgendwie zu den mexikanischen Cowboyboots und der militärgrünen Antiglobalisierungswollhaube, die ich trage, wenn ich die Mimis spazieren fahre.

Denn dass man Babys laut den einschlägigen Ratgebern alle Tage spazieren fahren muss, ist ebenfalls stark stilettoabträglich, denn erstens lassen sich Spaziergänge mit dem Taxi nur unzureichend simulieren, und der Frischluftaspekt kommt dabei etwas zu kurz. Zweitens stehen Stilettos in keinem Verhältnis zur Monstrosität meines Zwillingswagens; es wirkt, sagen wir es geradeheraus, einfach lächerlich, wenn man ein derartiges Riesengefährt vor sich her schiebt, während man auf Zahnstochern balanciert. Es gibt Zeiten für Stilettos. Es gibt Zeiten, da muss man auf der Straße pfeifen. Es gibt Zeiten, da wird man unweigerlich jünger. Es gibt aber keine Zeiten, in denen man zu jung ist für den passenden Bob-Dylan-Song.

In meiner Gegend

Den Besitzer vom Kiosk um die Ecke hab ich nicht mehr gesehen, seit ich in der Schweiz war, und als ich letzten Samstag mein Wochenendzeitungsprogramm runterspule, Standard-EnzettzettEfazettKurierPresseSüddeutscheundzweiPackerl-Marlborobitte, schaut er hoch und sagt: Da schau her, Sie san wieder do! Denn der Lange und ich sind in unserer Gegend seit Jahren die Einzigen, die so viele Zeitungen brauchen, die anderen kaufen im Prinzip entweder die „Krone" oder „Hürriyet". Das und die Narben, die der Trafikant, also der Kioskbesitzer, an den Händen, an den Armen und am Hals hat, sagt einiges über die Gegend aus, in der ich wohne.

Die „Süddeutsche" und die FAZ führt der Trafikant nur wegen des Langen und mir, und die Narben hat er, weil er vorletztes Jahr von seinem eigenen Kampfhund angefallen wurde und mit 138 Stichen genäht werden musste, das ist nicht erfunden, der Trafikant hat gesagt, dass er um sein Leben gekämpft hat, und so sah er auch aus. Die Gegend, in der ich wohne, wird von Kampfhundbesitzern und Türken dominiert, wobei mir die Türken lieber sind, nicht nur weil ich so brav multikulti bin, sondern weil die Türken keine Hunde haben, sondern Kinder. Leider pflegen sie, wenn sie zwischen 18 und 24 sind, einen Hang zu schnellen schwarzen Autos und einen äußerst beklagenswerten Fahrstil. Aber in meinem Haus wohnen vier Kampfhunde, und nun muss ich Sie jetzt mal etwas sozusagen Kniggemäßiges fragen, Leserschaft, denn wie tut man da?

Der Besitzer von Henry nämlich, dem weißen Mastino, der auf meinem Stockwerk lebt, ist ein sehr freundlicher, zuvorkommender und lärmunempfindlicher Unternehmer, der mich seit Jahren freundlich grüßt und mir immer die Lifttür aufhält. Aber als die Mimis noch ganz winzig waren, gerade mal zweieinhalb Kilo pro Stück, da hab ich sie einmal in den Tragetaschen raufgefahren, und oben stand der Nachbar mit Henry, was ich schon durch das Fenster in der Lifttür sah, und ich hab geschrien, WEG MIT DEM HUND!, und der Nachbar hat geschrien, ICH SOLL BLOSS NICHT HYSTERISCH WERDEN, WEIL ER JA KEIN ZUHÄLTER IST UND HENRY EIN TOTAL LIEBER HUND!, und seither herrscht nachbarschaftliche Verstimmung. Denn ich glaube schon, dass Henry ein lieber Hund ist, aber ich möchte es nicht ausprobieren, indem ich ihn an den Mimis schnuppern lasse. Ich bin ja nicht wahnsinnig. Das sehen Sie doch auch so, oder? Oder war ich unhöflich und taktlos?

Jedenfalls besser Türken und Türkenkinder vor dem Lift wie auch auf dem Türkenmarkt, weil die sind Fortpflanzung gewohnt und machen auch kein Bahöö wegen der Zwillinge, sodass ich beim Einkaufen nicht fortwährend meinen Spruch sagen muss („Nein, Mädchen. Vier Monate. Zweieiig. Stimmt, die sehen sich überhaupt nicht ähnlich"). Die Türken greifen einem auch nicht in den Kinderwagen wie die Österreicher; die haben da überhaupt keinen Genierer. Zuletzt hat das ein ehemaliger FPÖ-Generalsekretär versucht, seither häng ich ein Netz vor die Mimis, wenn wir einkaufen gehen. Das war aber nicht in meiner Gegend. FPÖ-Generalsekretäre wohnen hier keine, nicht mal ehemalige.

Nie wieder Almodóvar

Und im Kino war ich auch schon seit Ewigkeiten nicht mehr, sage ich, und Rosi sagt, macht nix, hab seit Ewigkeiten nichts mehr richtig Gutes gesehen. Wir sitzen am Küchentisch meiner Eltern, an einem verregneten Sonntagnachmittag; ich bin mit den Mimis aus Wien hergefahren, Rosi aus Zürich, und jetzt trinken wir Kaffee, essen Mutters leckeren Sonntagskuchen und hören „Jerusalem", das wunderbare neue Album vom wunderbaren Steve Earle, während die Mimis nebenan auf einer dicken Decke büseln.

Was zuletzt?, sage ich, und Rosi macht einen Nachdenkblick und sagt dann, ah ja, den Almodóvar, und ich sage, aha, und wie fandst du ihn?, und Rosi sagt, naaa jaaaa, und ich sage, dabei stand doch in all diesen atemlosen Kritiken wie tolltolltoll der Film ist, und Rosi sagt, ja, wenn man auf Filme steht, in denen alle zentralen Frauenfiguren den gesamten Streifen hindurch im Koma liegen, dann ist er nicht schlecht, und ich sage, sisstu?, das wundert mich überhaupt nicht.

Denn mit Pedro Almodóvar ist es so, dass ich einmal einen Film von ihm gesehen habe, und danach gelobte ich, dass ich mir niemals mehr einen Almodóvar-Film anschauen werde, komme, was wolle, schreibe die „Süddeutsche" auch hurra und juchee, kein Almodóvar mehr, Amen. In dem Film, den ich damals gesehen habe, ging es um eine Frau, die sich in ihren Vergewaltiger verliebt, und das ist nun eine Männerfantasie, wie sie archaischer und machoider kaum sein könnte, und wenn einer aus so einer Fantasie einen Film macht, hat er meiner Ansicht nach einen schweren und irreversiblen Schaden in seiner Weltanschauungskonstruktion. So was lässt sich nicht reparieren, das bleibt, das ist fix, das findet sich auf irgendeine Weise auch im Restwerk, und deshalb möchte ich damit nichts zu tun haben. (Ich sage nicht, dass man so einen Film nicht machen darf, ich sage nur, dass ich so einen Film nicht sehen will und keinen anderen Film von diesem Mann, ich bitte, diesen feinen und entscheidenden Unterschied zu beachten.)

So war das mit Almodovar, und wenn ich schon mal einen heiligen Eid ablege (NIE werden die Mimis bei uns im Bett schlafen, NIENIE werde ich ihnen das Gleiche anziehen, und NIENIENIE wird es was Rosafarbenes sein), dann halte ich mich für gewöhnlich nicht daran, aber an diesen hab ich mich gehalten. Nienienie habe ich einen weiteren Almodóvar-Film gesehen, keinen alten, keinen neuen und auch nicht „Alles über meine Mutter“, bei dem sich ja erwachsene Mannsbilder vor Rührung in die Hose gepinkelt haben. Rosi sagt, „La flor de mi secreto“ sei wirklich gut, aber ich will auch das nicht sehen. Und was soll ich sagen, es wundert mich nicht, dass in Almodóvars neuem Film schon wieder eine Frau vergewaltigt wird, und schon wieder ist das nach Almodóvars Ansicht irgendwie o. k. Nach meiner Ansicht ist es das nicht und kann es das unter keinen Umständen je sein. Kein Almodóvar mehr. Da bin ich stur.

Am Land

Falls Sie mich auf Grund meiner neulich hier eingestandenen Verweigerung des Werkes von Pedro Almodóvar für eine ignorante Dumpfbacke halten, neige ich mein Haupt in Demut und erkläre feierlich: Ich bereue, was ich gesagt habe, denn ich hätte erwähnen müssen, ich auch die Werke verweigere von David Hasselhoff, P. Diddy, dem Papst, Dieter Bohlen, Thomas Borer, Sarah Kane, den Anonymen Alkoholikern, Nobuyoshi Araki, Franz Kafka, Jean Claude van Damme, Christoph Blocher, Dolly Buster, The Strokes und Ulrich Strunz, und das ist eine total unvollständige Auswahl. Und für ausnahmslos alle Band-Reunionen unter ausdrücklicher Verurteilung der Sex Pistols, Velvet Underground und Fehlfarben. Es gibt auf der Welt ein paar Dinge, die will ich nicht wissen.

Zum Beispiel will ich das Landleben nur aus der Perspektive des Urlaubers kennen, weil ich das Landleben aus der Perspektive des pubertierenden Teenagers kenne. Ich bin bereit einzuräumen, dass die Pubertät vermutlich an jedem Ort der Welt ein gruseliger Lebensabschnitt ist, selbst in einem Loft in Manhattan mit Schriftstellervater und Modedesignermutter. Wobei ich hier betonen möchte, dass ich die feinsten Eltern der Welt habe, aber das Leben als Pubertierende haben sie mir genauso zur Hölle gemacht, wie ich ihnen das Leben als Eltern einer Pubertierenden. Wir haben uns nichts geschenkt. Und ich glaube, das ist richtig so, aber ein anderes Thema. Weil wo war ich? Auf dem Lande, genau. Dort traf ich Sabine.

Sabine ist im selben Kaff aufgewachsen wie ich, und wie ich floh sie vor vielen Jahren aus guten Gründen nach Wien und dann nach Berlin, wo sie zum Doktor der Sozialwissenschaften promovierte und irgendwann dazwischen einen Rudi traf, der ihr irgendwann danach einen dicken Bauch machte, worauf Sabine die guten Gründe vergaß und in eine dumme Denkfalle fiel, in die Mütter immer wieder fallen: Sie dachte, es sei gut fürs Kind, auf dem Land aufzuwachsen. Weil Mütter stets den Fehler machen zu überlegen, was gut sei für ihr Kind. Tatsächlich sollten sich Mütter viel öfter fragen: Was ist gut für Mutter? Denn ist Mami froh, ist das auch für die Kinder gut.

Als ich Sabine mit den Mimis besuchte, saß sie im Garten des Hauses ihrer Mutter, in dem sie mit Rudi und dem kleinen Jakob jetzt wieder lebt, wir atmeten die gute Luft, und nach etwa elf Minuten brach Sabine in Tränen aus, weil eh klar. Riesenfehler gemacht. Erstens isoliert einen die Geburt eines Kindes ja sowieso total von jeglichem sozialem Leben. Zweitens isoliert einen die Isolation eines Lebens auf dem fremden Lande selbst davon. Also von überhaupt allem. Und dann kennt man ja keinen, nur die blöden Weiber, die man schon in der Schule gehasst hat. Man kennt die Regeln der Provinz nicht. Und man ist der merkwürdige Städter, und Großstadt bedeutet für die Landeier ja immer: Sodom, Gomorrah, freie Liebe für die anderen, keine Parkplätze für mich. Landleben? Nie. Das gehört zu den Dingen, die ich nicht genauer wissen möchte; und die Mimis auch nicht. Das weiß ich bestimmt.

Nur 48 Stunden

Ich bin jetzt in Zürich, Haemmerli, sage ich, wir müssen sofort trinken!, und Haemmerli erscheint auch sogleich in der „Sport-Bar", wir trinken Gespritzte, und weil Haemmerli fragt, sage ich, süß, süß, süß sind die Mimis, schön ist es mit ihnen, anstrengend aber ebenfalls. Und man ist als moderne, emanzipierte Mutter ja die dümmste Mutter in der gesamten Muttergeschichte, erkläre ich Haemmerli, weil zum Beispiel bei uns daheim – da herrscht eine schön traditionelle Rollenverteilung, und zwar im Verbund mit einer sehr modernen Finanzgebahrung, das heißt, erkläre ich Haemmerli, dass ich 90 Prozent der Kinderbetreuung übernehme und 50 Prozent der Kosten, ich bin doch bescheuert, Haemmerli, oder?

Noch zwei Gschprützti!, sage ich, und nicht, dass sich der Lange nicht bemüht, der Lange bemüht sich total, er wickelt, füttert, steht, wenns sein muss, noch im Dunkeln mit den Mimis auf, macht ihnen den Clown, tröstet, kuschelt und badet und geht jeden Tag zur Arbeit. Ja, er darf jeden Tag in die Arbeit, egal was ist, redet dort den ganzen Tag mit Erwachsenen, und manchmal geht er danach zur Belohnung noch auf zwei, drei Bier, und wenn er dann heimkommt, erklär ich Haemmerli, kann es vorkommen, dass ich am Familientisch sitz und bittere Tränen in ein schmackhaftes Wokgericht weine, und, weißt du Haemmerli, ich weiß, dass ich ihm dabei total unrecht tue, aber ich bin manchmal einfach richtig neidisch auf seine befriedigende Arbeit und seine Gespräche mit Erwachsenen und seine Belohnungsbiere, und es ärgert mich, erkläre ich Haemmerli, dass er überhaupt nicht weiß, wie anstrengend so ein ganzer Tag mit den Mimis sein kann, ich brauche übrigens dringend eine Freitag-Tasche, Haemmerli, wo krieg ich an einem Freitagnachmittag schnell eine Freitag-Tasche?

Haemmerli nützt die Gelegenheit, auch einmal zu Wort zu kommen und sagt, er hat seit einer Woche einen Führerschein und ein Auto und fährt mich hin. Ich sage, Haemmerlihoney! Du hast den Führerschein geschafft?? Du hast ein Auto?? Warum sagst du denn nichts!? Zahlen bitte!!, und dann quetsche ich mich in Haemmerlis klapprigen, kleinen Japaner, und Haemmerli fährt mich, während ich spitze Schreie ausstoße, zum Escher-Wyss-Platz, wo ich mir eine riesige, rabenschwarze Freitag-Tasche kaufe, in der viele Flascherl und Windeln und ein Laptop gleichzeitig Platz haben, eine richtige Dumme-Mutter-Tasche, sozusagen.

Dann fahren wir ins Löwenbräu-Areal und rennen in zwanzig Minuten durch alle Ausstellungen, während ich Haemmerli erkläre, wie sehr ich mich freu, dass ich jetzt mal 48 Stunden lang nur unter Erwachsenen bin und der Lange 48 Stunden lang nur unter den Mimis, da kann er nämlich mal sehen, wie anstrengend das ist, und Haemmerli sagt, soso, da ist er also schon, der typische Revanchismus der unverstandenen Mutter, und da hat er natürlich Recht, aber selbstverständlich waren, und hier greife ich 48 Stunden vor, die Mimis dann 48 Stunden lang die süßesten, pflegeleichten Babys der Welt, die kleinen Schlampen die.

Gulligulli

In Österreich wird demnächst hoffentlich die Macht neu verteilt – in unserem Haushalt passiert das bereits jetzt. Das Koalitionsverhandeln und Verantwortungsverteilen ist seit Wochen voll im Gange, denn seit dem Moment, in dem die Mimis kein Gemüse mehr sind, setzen sie jedes neue bisschen Geist, das ihnen wächst, dazu ein, uns zu zeigen, wer jetzt der Chef im Hause ist. Und der Kampf gegen die Machtanspüche von fünf Monate alten Babys kann ziemlich brutal sein – und ziemlich laut, weil jeder seine Wünsche auf die ihm bequeme Weise kommuniziert und sich so seine Verbündeten findet.

Das Aufstehministerium zum Beispiel wurde dem Langen zugesprochen, seit die Kugelmimi begriffen hat, dass es schwer ist, mich vor sieben Uhr aus den Federn zu kriegen, während der Lange schnell die Nerven weg- und die Beine aus dem Bett schmeisst, wenn sie ihm ein paar Minuten voll ins Ohr brüllt. Die Würfelmimi dagegen hat herausgefunden, dass ein wenig blau anlaufen und die damit verbundene Drohung, nie mehr Luft zu holen, bei mir dazu führt, dass ich meinen Aufgaben als Herumtragministerin mit einem verschärften Pflichtbewusstsein nachkomme. Ich bekam zudem das Bananenbreiministerium zugesprochen, das Frischluftministerium und das Staatssekretariat für Baden und Anziehen, während der Lange ohne langes Tamtam zum Minister für Gulligulli ernannt wurde.

Sie werden einwenden, dass es sich bei den Verhandlungen mit den Mimis um etwas Temporäres, bei den österreichischen Regierungsverhandlungen dagegen um etwas Permanentes handelt. Ich sage: Falsch, denn erstens ist die letzte österreichische Regierung übers Kleinkindalter nicht hinausgekommen, zum Glück, wie ich betonen muss. Zweitens wird ja etwa das Gulligulliministerium schon in kürzester Zeit auch mit der Barbiepuppenbeschaffung und der Ponyrekrutierung beauftragt werden, und drittens sind die Mimis jetzt in einer Phase ihres Lebens, in dem jedes Nachgaben bedeutet, einen Präzendenzfall geschaffen zu haben. Einmal die Würfelmimi rumgetragen, immer die Würfelmimi rumgetragen; ich weiß, wovon ich spreche.

Denn leider handelt es sich bei den Mimis nicht um allzeit friedliche Strahlebabys, die den ganzen Tag fröhlich quietschend in ihren Wippen mit ihren Fingerchen spielen und sich an den Sehenswürdigkeiten in unserem Wohnzimmer erfreuen. Leider gar nicht; Sie ahnten das wohl bereits. Sind ja meine Kinder. Und die vom Langen, dem sturen Hund. Wollen den ganzen Tag unterhalten, gehutscht und spazieren gefahren werden, und wer nicht pariert, wird gnadenlos niedergebrüllt. Das hindert einen massiv an der Selbstverwirklichung und kreativen Entfaltung.

Haemmerli zum Beispiel hat sich sehr darüber beschwert, dass mit mir kein unbeschwertes Mailen mehr möglich sei; stets müsse er stundenlang auf meine Antwort warten, das könne doch nicht so schwer sein, zwischendurch mal ein Mail abzusetzen. So kann nur einer sprechen, der die Mimis noch nicht kennt. Dabei wird er, wenn er bald übers Wochenende nach Wien kommt, von den Mimis zum Lustige-Onkel-aus-der-Schweiz-Minister ernannt werden. Er weiß bloß noch nichts davon.

Das Beste aus meinem Leben

Erstens bei Zara einen schwarzen Rock gekauft, der schmale Hüften macht, weil ich heute Abend bei Sedlacek eingeladen bin, gemeinsam mit ein paar anderen Leuten, denen ich nicht in meiner üblichen Eh-schon-alles-komplett-wurscht-Mutterkluft gegenübertreten will, sondern in Stöckelschuhen und so schmal es irgendwie geht.

Zweitens bei H & M eine rosa Antiglobalisierungswollhaube gepostet, weil ich meine olivgrüne Antiglobalisierungswollhaube im „Costa Brava“ in Zürich liegen gelassen habe, nach tüchtig Rotwein mit Rosi.

Drittens letzten Montag bei John-Harris-Fitness damit begonnen, meine zierliche Seele von dem traurigen Zuviel an Körper rundherum zu befreien, wobei ich mir heute früh leider meinen Rücken ruiniert habe, zum Glück war bei Zara gerade die Behindertenkabine frei.

Viertens allerdings für nächsten Donnerstag endlich mal wieder beim „Meinl am Graben“ einen Tisch reserviert, exklusiv für den Langen und mich; der Lange und ich müssen sich allerdringlichst mal wieder zu zweit etwas Gutes tun, Kalorien hin oder her.

Fünftens ein Zeitungsabonnement bestellt von einer anständigen Tageszeitung mit unglaublich laschem, weil vermutlich sozial vorbildlichem Zustellservice (warum hat Anständigkeit immer irgendwo einen Haken?), und die lese ich nun jeden Tag brav von vorne nach hinten durch, wann immer es die Mimis zulassen, zusätzlich zu den deutschen Feuilletons, die mir der Lange abends mitbringt, mit der kaum verhohlenen Absicht, meine Gehirnaktivitäten daran zu hindern, vollends zu verenden.

Sechstens am Sonntag bei Gsellmann & Gsellmann im Burgenland 69 Flaschen Wein ab Hof erworben, da unser Weinkonsum im Allgemeinen, meiner im Besondern, beträchtlich ist, ich gebe es ja zu, aber all jene Energie, die die Mimis nicht aus mir rauszuzeln, geht dafür drauf, nicht zu rauchen, weiterhin nicht zu rauchen, jetzt demnächst ein volles Jahr nicht geraucht zu haben, da bleibt fürs Nichttrinken leider kein Futzelchen Energie mehr übrig. Dass ich so heldenhaft nicht rauche, heißt nicht, dass ich nicht rauchen möchte: Und wie ich rauchen möchte, jeden Abend um halb acht, wenn die Mimis endlich schlafen, möchte ich draußen auf der Terrasse meine hochverdiente Zigarette rauchen, zur Belohnung dafür, dass ich die Mimis auch heute wieder nicht gehauen habe. Nein, natürlich haue ich die Mimis nicht, hab ich nie, werd ich nie, aber auch das heißt nicht, dass ich nicht manchmal gerne würde. (Ach, heucheln Sie doch hier nicht rum, das geht Ihnen doch auch nicht anders, und wenn doch, dann haben Sie keine Kinder.) Kein Hauen, kein Rauchen, Sie sehen ein, der 2001er-St.-Laurent vom Heideboden hat all meine Zuwendung verdient. Und ich all seine.

Siebtens gehts ab jetzt alle paar Wochen für ein Wochenende nach Zürich, ganz allein, ohne Mimis, und dort werde ich wieder, wie letztes Mal, mit Rosi und Haemmerli und den anderen Freunden durch die Straßen und Trinkstätten stöckeln und mich der Tatsache erfreuen, dass mir ein paar Stunden lang kein Mensch anmerkt, dass ich Mutter bin. Das tut wohl; Sie haben gar keine Ahnung, wie.

Always on my mind

Das Essen bei Sedlacek war hervorragend, die Gesellschaft lustig und die stimmungsbildenden Substanzen in jeder Kategorie hervorragend, wobei ich mich an den Rotwein hielt, Sedlacek gab sich flexibler. Was wohl mitverantwortlich dafür war, dass Sedlacek und ich uns gegen halb drei Uhr früh, als nur noch vier oder fünf Leute da waren, böse zerstritten. Weil Sedlacek plötzlich von einem akuten Aufrichtigkeitsrausch gepackt wurde und mir nun endlich mal ganz geradeaus hineinsagen musste, dass, sei mir nicht böse, seit der Geburt der Mimis nicht mehr viel mit mir anzufangen sei. Du bist leider ein langweiliger, gefühlsduseliger, berechenbarer und unflexibler Mensch geworden, Knechtin, sagte Sedlacek, schade, aber wahr. Ich hab gesagt, Moment, Sedlacek (hier muss man sich eine kleine Pause denken, in der ein großes Glas Barolo zügig von seinem Schicksal ereilt wurde), und dann hab ich gebrüllt, schon möglich, Sedlacek, und ich könnte dir auch erklären, warum, aber solange du nicht selbst ein Kind hast, wirst du es nicht kapieren, und wenn du mal selbst ein Kind hast, brauche ich es dir nicht mehr zu erklären, obwohl, du kapierst es wahrscheinlich auch dann nicht, du ********, und Sedlacek hat gesagt, weißt du was, du dumme *******, deine ******arroganz geht mir so auf den Sack, und ich hab gesagt, mei bitte, wer spricht, Mr. *********und********arrogant persönlich!, und Sedlacek hat ins Telefon gebrüllt, bitte einen Wagen Nibelungenstraße 13!, und dann war ich bald zu Hause, und den *********** ruf ich so schnell nicht mehr an.

Ich befürchte nur, dass es sich bei Sedlaceks Problem um kein Singuläres handelt, ein Verdacht, der von reizenden Müttern und Vätern bestätigt wird, die mir in freundlichen Leserbriefen schreiben, sie läsen im Fall so gern von den Mimis, und von ebenso vielen genervten, weil kinderlosen Leserinnen und Lesern, die mich etwas weniger freundlich fragen, ob ich bitte nie wieder von den Mimis schreiben könnte. Sondern wieder wie früher.

Das Dilemma ist, und das kapiert auch Sedlacek nicht: Wie früher gibt es nicht mehr. Wie früher ist vorbei, selbst wenn ich, um der Allgegenwart der Mimis vorübergehend zu entkommen, meinen Laptop an Orten bediene, an denen kein Gedanke an Babys aufkommt, an denen laute Musik gespielt wird und die Menschen so aussehen, als hause in ihnen eine beträchtliche kriminelle Energie (was das Aufsuchen der Toilette zum Problem macht, da man an solchen Orten einen Laptop nicht gerne unbeaufsichtigt liegen lässt, aber wer nimmt einen Laptop mit aufs WC? Herr Knigge, dessen empfehlenswerter Klassiker „Umgang mit Menschen" mir Dr. Robert letztes Mal in Zürich in einer uralten Ausgabe geschenkt hat, weiß darauf auch keine Antwort.) Wie früher: Das lässt sich höchstens noch simulieren, auch wenn ich jetzt wieder öfter wie früher mit Mizzi und den anderen Mädels in schummrigen Bars herumtrinke und in sauteuren und angemessen unbequemen Schuhen über die heissesten Affären tratsche … Die Mimis sind immer präsent. Immer. Das ist jetzt so. Und ich kann und werde nicht so tun, als sei es das nicht. Kapierst du das, Sedlacek? Kapierst du das?

Hangover

Was wollte ich erzählen? Ah. Ja. Dass von mir aus die Eiszeit zwischen Sedlacek und mir ruhig noch ein bisschen dauern hätte dürfen, meine Tage sind auch so hübsch ausgefüllt. Aber wieder hat Sedlacek bereits nach dem 2. oder 3. Rausch aus der Badewanne angerufen. Hallo. Hallo. Wie gehts. Gut. Dir.

Ein richtiger Kater macht Sedlacek sensibel und versöhnungsgeil wie ein katholisches Mädchen, und das nun ist ein sedlacekscher Gemütszweig, den Sedlacek vor seinen anderen Bekannten zu verbergen trachtet. Vor allem vor den weiblichen, da die Frauen in Sedlaceks Bekanntenkreis in drei wenig originelle Kategorien unterteilt werden: Solche, mit denen er geschlafen hat, solche, mit denen er schläft, und solche, mit denen er schlafen möchte; keine braucht zu wissen, dass er tief in seiner Seele ein verletzlicher Bub ist. Nicht mal, dass etwas Derartiges wie eine Seele innerhalb Sedlaceks überhaupt existiert. Seine männlichen Freunde? Ach, die sind lustig und jeglichen Vertrauens völlig unwürdig, wie unter Männern vielfach üblich. Bleiben Sedlaceks Mutter und ich, aber seine Mutter, sagt Sedlacek, verstehe ihn nicht und setze ihn zudem entsetzlich unter Druck. Offenbar sucht sie seine Wohnung noch immer bei jedem Besuch nach versteckten Enkelkindern ab, findet aber stets nur das von Sedlacek nicht gut genug verräumte Sexspielzeug, und Sedlacek behauptet steif und fest, sie steche ihm Löcher in die sündteuren Komm-spiel-mit-Kondome. Doch, sagt Sedlacek, MEINE Mutter macht so was.

Bei übleren Verkaterungen sucht Sedlacek jeweils erst Trost im warmen Bade, aber da ihm auch dieses den theologischen Beistand verweigert, ruft er von dort aus mich an, um mich mit Erkenntnissen zu belästigen, die er zwischen drei und sechs Uhr in der Früh an einem Würstelstand, in einer Stripteasebar oder in einer Dame der Kategorie B hatte. Weil das noch nicht genug ist, plätschert Sedlacek zur Untermalung seiner Berichte feste in seiner Wanne herum, damit ich bloß nicht vergesse, dass er dort völlig nackig sitzt, eine Vorstellung, die meine Stimmung nicht hebt.

Dennoch gelingt es Sedlacek auch diesmal, mich dazu zu kriegen, nicht aufzulegen, ohne sich dafür zu entschuldigen, dass er mich letztes Mal eine blöde ****** genannt hat. Gut, ich habe ihn einen ***** ***** genannt, aber ich tat es zu Recht. Immerhin ist er zum Eingeständnis bereit, dass er nicht so gut wie ich weiß, was es bedeutet, Kinder zu haben. Aber er wisse es nicht nicht, sagt Sedlacek, denn in seiner Familie gebe es, bitteschön, auch Kinder, beispielsweise habe seine Mutter eins. Was ich ja für die Wurzel allen Übels halte. Also, nicht, das Sedlaceks Mutter ein Kind hat, sondern dass Sedlaceks Mutter nur ein Kind hat. Das war nicht gut für Sedlaceks Charakterbildung, und selbst Sedlacek hätte jetzt gern Geschwister, in deren Wohnungen er seine Mutter bei ihrer Suche nach Enkelkindern umleiten könnte. Und, wie Sedlacek sagt, zum Schutz seiner Kondome, obwohl ich ihm das mit dem Zerstechen nie im Leben glaube. Nie. Was wollte ich gleich erzählen?

Im Mütterrudel

Rosi schickt mir ein E-Mail, dann schicke ich Rosi ein E-Mail, dann schickt mir Rosi ein E-Mail, dann denke ich, ich werd Rosi in einer halben Stunde ein E-Mail schicken, und als ich wieder auf die Uhr sehe, ist es zehn Tage später. Zum Glück war Rosi inzwischen auf Goa und ist bereit, mir zu verzeihen.

Dabei gehen die Mimis jetzt jeden Tag brav um sieben schlafen, wir füttern sie, legen sie ins Bett, und sie werfen sich ohne den geringsten Protest in den nächst gelegenen Traum, und dann könnten der Lange und ich viele tolle Sachen machen, oder ich könnte Rosi und Haemmerli Dutzende E-Mails schicken, aber in Wirklichkeit liegen wir meistens nur wie tot vor dem Fernseher, füttern die Mimis nochmal während der „Harald-Schmidt-Show“ und gehen auch schlafen, wenn der Gast kommt.

Aber den Gast schaut doch nie jemand, keiner schaut den Gast, sagt Rudelmutter Horvath, als ich vor dem Mütterrudel mit dem guten Mimi-Schlaf prahle, quasi dem einzigen Kunststück, das die Mimis können und mit dem ich mimimäßig angeben kann. Mit dem Mütterrudel verbringen wir derzeit gern unsere Tagesfreizeit, oft sitzen wir im „Una“, einem dieser modernen, unkomplizierten Café-Restaurants mit guter Küche und bestem Wein, in denen wir früher einen leichten Lunch und/ oder einen kräftigen Apéro eingenommen hätten. Jetzt sitzen wir an Nachmittagen mit unseren Babys dort rum und nehmen beides. Wenn wir mit den Kinderwagen einmarschieren, müssen immer Gäste aufstehen und ihre Tische verrücken, und auch deshalb mögen wir das „Una“, denn in so einem ausgesprochen kinderfreundlichen Mütterhort würden wir uns wie normale Mütter fühlen, und das sind wir ja nicht. Wir nicht. Wie erklär ich das? So: Ich gehe am Vormittag mit dem Kinderwagen auf der Straße und begegne praktisch ausschließlich Frauen mit Kinderwagen, und im Geiste rufe ich allen zu: Mit euch hab ich im Fall nichts zu tun! Das Hausfrauische ist nur eine klitzekleine Phase in meinem Leben! Nicht, dass ihr glaubt! Den anderen Rudelmüttern geht es ähnlich. Denen auf der Straße vermutlich auch.

Letztes Mal, als die Mimis und ich versuchten, kugelsichere Kondome für Sedlacek zu finden, für Weihnachten, und etwas Schönes für Rosi, kriegten wir bald Durst und landeten zügig im „Una“, wo Teile des Mütterrudels schon mit dem Trinken begonnen hatten. Wir haben über Weihnachten geschimpft, über die Wahlen und über die Sadomaso-Österreicher, bei denen man sich als Partei beliebt machen kann, wenn man im November Flüchtlingsfamilien ohne alles auf die Straße setzt, und die DANKE sagen, wenn man ihnen die Steuern erhöht. Aber in diesem Land glauben die Leute ja auch, Hansi Hinterseer sei ein Sänger und Ottfried Fischer ein Schauspieler, da braucht man sich eigentlich nicht wundern, dass sie Wolfgang Schüssel für einen Kanzler halten. Schließlich haben wir aber doch wieder über die Kinder geredet und wie das so ist mit dem Schlafengehen.

Und dann das mit dem „Harald-Schmidt-Show“-Gast. Weil wissen Sie, das hab ich nicht gewusst. Ich dachte, nur der Lange und ich schalten immer ab, wenn der Gast kommt. Aber. Ich muss dringend Rosi ein E-Mail schicken.

Bitte nicht stören!

Silvester bleiben wir wieder zu Hause, der Lange und ich, so wie wir letztes Jahr zu Hause geblieben sind und vorletztes Jahr auch, da allerdings im allerletzten Moment. Weil ich, für eine Party bereits hübsch gemacht, plötzlich von einer depressiven Stimmung heimgesucht wurde, die es mir unmöglich machte, mich von halb fremden Mitmenschen küssen zu lassen. Auf diese Weise konnten der Lange und ich dann von unserem Balkon beobachten, wie unsere albanischen Nachbarn unten auf der Straße den Kosovo-Krieg mit Feuerwerkskörpern im Miniformat nachspielten. Die Frontlinie verlief zwischen dem „Espresso Rocky" und dem Café „Labyrinth", als feindlich galt jedes herannahende Fahrzeug. Der Lange und ich ließen den Schampuskorken ganz leise knallen, um bloß keine Aufmerksamkeit auf uns zu lenken, schmusten heftig und beschlossen, es fortan immer so zu halten.

Jetzt, mit den Mimis, bleibt uns eh nichts mehr anderes übrig. Wir werden noch zwei, drei Angehörige des Mütterrudels inklusive Väter einladen, alle Babys einschläfern und dann bis Mitternacht Fondue essen. Erstaunlicherweise begehrte Sedlacek, eingeladen zu werden, um an dieser Zelebration der neuen Spiessbürgerlichkeit teilhaben zu dürfen, sich an der Kleinfamilie zu wärmen und am Fonduesuppentopf zu laben. Unsere Kinderdiskussion hat bei Sedlacek einen Nachdenkprozess ausgelöst. Wobei man einen Nachdenkprozess according to Sedlacek nicht mit einem Nachdenkprozess im landläufigen Sinne verwechseln soll, bei dem ein Gedanke in einem Hirn langsam Gestalt annimmt, wie ein Hefeteig in einer warmen Schüssel und wie dieser formbar bleibt. In

Sedlaceks Hirn materialisieren sich Gedanken explosionsartig und sind fortan unveränderlich, wie ein Stück erkaltete Lava. (Meine Metaphern lassen heute zu wünschen übrig, ich bitte um Verzeihung, das muss an der Stirnhöhlenvereiterung liegen, die drückt auf das Präzisions- und Stringenzzentrum in meinem Hirn. Falls es so was gibt.)

Wo war ich? Sedlacek, natürlich. Und natürlich kann ich Sedlacek nicht einladen, weil mir da erstens der Lange rebelliert, und weil zweitens Sedlacek, wenn er, wie jeden Silvester, ein neues Leben (2003 ein kinderliebendes, sich an den kleinen Dingen freuendes Leben, 2002 war es ein spirituelles, besonnenes, 2001 ein sportliches ohne Frauen und Exzesse) anfängt, jeweils am 1. Jänner gegen Mittag feststellt, dass ihn sein neues Leben allmählich aber enorm anödet, worauf er zügig wieder in sein altes zurückfindet. Bei einem Fondue mit fünf Babys, die nicht schlafen wollen, würde Sedlacek seine guten Vorsätze wahrscheinlich schon aufgeben, bevor er sie richtig gefasst hat, würde also noch vor Mitternacht diese kuschelige Runde sprengen, würde einen Missklang einbringen, wäre sozusagen der personifizierte Einwand gegen unser süßes Kleinbürgerdasein … Nääääá, das wollen wir nicht. Auf keinen Fall. Wir träumen grad so schön. Wir wollen nicht geweckt werden, noch nicht. Das kommt noch früh genug.

Titten

Drei der Mütter von meinem Mütterrudel haben fürs Jahr 2003 einen einzigen Vorsatz: Abstillen, und zwar sofort. Die anderen haben schon, oder, so wie ich, mit der Busenfütterung gar nicht erst angefangen. Schon, erst wollte ich die Mimis auch stillen, wie es sich gehört, wie die Stillmafia unter den Ärzten und Krankenschwestern mit wachsendem Druck von mir wollte, und, ja!, ich bewundere alle Frauen, die in der Lage sind, ihre Kinder kraft ihres Busens zu ernähren. Ich habs probiert, die Mimis habens probiert, nichts kam. Das war frustrierend. Zuerst. Dann nicht mehr.

Gut, die Angewohnheit, meine diversen Unvermögen stets unter rundherum hübsch drapierten Ideologien zu verbergen, ist wenig lobenswert. Aber. Aber beim Stillen bietet es sich doch sehr an. Weil es mich erstens immer wieder wundert, dass dieses Stillparadigma, das auf einer derartig bröseligen faktischen Basis beruht, nach wie vor unangefochtener gesellschaftlicher Konsens ist. Stillen ist das Beste für Ihr Kind – das hab ich ungefähr tausendmal gehört und tausendmal gelesen, aber nie eine Zahl, einen Beweis dazu, WIE gut und WIE gesund. Weiß offenbar keiner so genau. Stillen ist das Beste für Ihr Kind: Das schreibt selbst die Säuglingsnahrungsindustrie in ihre Werbebroschüren, wo es doch das Schlechteste für die Säuglingsnahrungsindustrie ist, und das dünkt mich höchst erstaunlich, dass die aus Nobel- und Nettigkeit mal lieber aufs Geldverdienen verzichten.

Zweitens möchte ich Ihnen an dieser Stelle auch meine Küchentisch-Forschungsergebnisse nicht vorenthalten, die keinerlei Anspruch auf Allgemeingültigkeit erheben und einfach nur interessant sind: Sitzen dort vor ein paar Wochen vier Erwachsene, davon wurde nur einer gestillt, der leidet unter einer Vielzahl von Allergien, die anderen nicht. Wurden dort kürzlich fünf halbjährige Babys gehutscht, drei ungestillt, eins gestillt, hat eins von den gestillten jetzt schon Neurodermitis. Wie gesagt, ich sage nur: interessante Beobachtung.

Was mir drittens aber noch viel wichtiger erscheint: Stillen mag schon gut sein für das Kind, aber es ist nicht immer das Beste für die Mutter. Oh ja, wer stillt, braucht nie ein Flascherl mitnehmen und erspart sich auf Reisen viel Gepäck. Aber dafür kann ich die Mimis mal einen Abend, eine Nacht, ein Wochenende ganz problemlos dem Langen überlassen, ohne dass sie verhungern (und ich darf dabei auch was anderes als Tee trinken ...). Und ich sage Ihnen: Ich kenne Mütter, die ihre Kinder schon seit Monaten zweistündlich, manche stündlich stillen, Tag und Nacht. Und so wie die möchte ich nicht drauf sein; und die Mimis wollen das hundertprozentig auch nicht. Was ich an diesem Stillparadigma viertens aber am allerfragwürdigsten finde: dass dabei wieder mal die Väter schön aus dem Schneider sind, nie länger als zwei, drei Stunden übernehmen müssen, übernehmen können, dass die Mütter ein halbes, ein ganzes Jahr lang fest an ihre Kinder gekettet sind. Sicher im Kinderzimmer verräumt. Und das kommt mir eigentlich ziemlich reaktionär vor. Sonst niemandem?

Titten II

Bald gibts wieder Sex und Körperflüssigkeiten und Liebhaberqualitäten en détail, davor müssen Sie nur noch schnell durch einen kleinen Bonustrack zur Stillmafiakolumne; weil darauf gabs erwartungsgemäß ein paar Leserreaktionen. Erwartungsgemäß ein paar arge, ob ich denn meine Kinder überhaupt liebe, dass sie zu bemitleiden seien, da sie keine Wärme und viel zu wenig Körperkontakt kriegen (hier drängt sich eine kleine Zwischenfrage auf: Glauben diese Leute ernsthaft, dass ich meine Kinder durch ein Loch in der Wand füttere?) und so weiter und so fort. Ich werde hier jetzt ganz bestimmt nicht meine mütterlichen Qualitäten verteidigen oder dreifingeraufsherz schwören, dass ich meine Kinder ehrlich wahr voll lieb habe (denn das brauchen nur meine Kinder zu wissen), aber ein Satz in einem Leserbrief hat mich in der Generalisierung seiner Anschuldigung quasi stellvertretend für alle nicht stillenden Mütter getroffen; der geht so: „Nicht stillende Mütter haben keine Beziehung zu ihrem Kind, sind unfähig und selbstverliebt." Und diese Schreiberin ist, das kann ich jetzt mit großer Berechtigung versichern, mit ihrer Meinung nicht allein: Manche Menschen verteidigen das Stillparadigma mit einer nahezu gewalttätigen Entschlossenheit. Wobei es mich nicht wundert, dass die Stillfundamentalisten eine Menge Beschuldigungen in meiner Mailbox abgeladen haben, aber keine Zahlen oder Untersuchungen, die meine Ansichten über das Stillen widerlegt hätten.

Noch was ist mir zur Verlogenheit des Stillmythos eingefallen. Denn während man bei der Säuglingsernährung ja zu einer Million Prozent das Wohl des Babys im Auge zu haben vorgibt, werden bei den Säuglingsschlafgewohnheiten ganz andere Massstäbe angelegt. Tatsächlich findet man es in westlichen Gesellschaften völlig normal, ein Neugeborenes wenige Tage nach seiner Geburt die ganze Nacht ganz allein in einem Zimmer liegen zu lassen. Das finde ich brutal, aber da brüllt keiner, das Baby kriege zu wenig Körperwärme und Zuneigung, nein, das ist in Ordnung, da wissen die Babyratgeber viele Tricks, wie man das Kind dazu kriegt, das auszuhalten, ohne den Eltern zu viele Probleme zu bereiten. Und wenn man – so wie der Lange und ich – die Kinder die ersten paar Monate zu sich ins Bett nimmt, weil man findet, dass Neugeborene in der Nacht nicht allein schlafen sollten, sondern gekuschelt und gewärmt gehören, dann gilt man als ziemlich gaga (und hört immer wieder den einen Satz: „Einmal im Elternbett, immer im Elternbett! Die kriegt ihr nie wieder raus!", was überhaupt nicht gestimmt hat, weil sich unsere Kinder mit vier Monaten, als es uns allen zu eng wurde, ohne den geringsten Protest in ein Gitterbett umquartieren ließen). Mehr muss man über die Verlogenheit des Stillmythos nicht sagen.

Jetzt sollte hier eigentlich endlich mal wieder ein bisschen praktizierter Sex folgen, und zwar der Sex vom Fräulein Meier, allein, es ist wieder alles mit Babykram voll gestopft, weswegen dem Fräuleinwundersex in der nächsten und der übernächsten Kolumne ausführlich Platz eingeräumt wird. Das schwöre ich dreifingeraufsherz. Ein paar Dutzend Schweizer Männer werden das dann übrigens lesen wollen. Das schwör ich auch.

Das Fräuleinwunder

Letzthin reiste das Fräulein Meier von Zürich nach Wien, und da dachte es sich, ruf ich doch die Knecht an, man könnte vielleicht gemeinsam ein paar schlimme Getränke trinken, und das fand ich eine hervorragende Idee, bloß begab es sich, dass Fräulein Meiers und mein gedrängter Terminkalender keine anderen Lücken boten, als ein Nachmittag im „Una", wo das Fräulein Meier auf das Mütterrudel traf. Nun ist das Mütterrudel eine Zusammenrottung von Damen, die bereits geboren haben, bald gebären werden oder dringend demnächst gebären wollen. (Letztere hutschen fleißig die Kinder anderer Mütter auf ihrem Schoss, da irgendwer gelesen haben will, das wirke sich vorteilhaft auf die Fruchtbarkeit aus. Iman Bowie soll in einem Interview behauptet haben, bei ihr habe das funktioniert.) Wenn man, wie das Fräulein Meier, in keine dieser drei Genres fällt, ist es ein Beweis äußerster Tapferkeit, wenn man das Mütterrudel länger als 15 Minuten erträgt. Das Fräulein Meier hielt volle 45 Minuten durch und soll deshalb, da sind wir uns einig, Aufnahme in das christliche Märtyrerverzeichnis finden.

Als das Fräulein Meier der Mimis ansichtig wurde, rief es, dass sich die Mimis ja gar nicht ähnlich sehen! Und das Mütterrudel rief, dass das stimmt! Und das Fräulein Meier wollte wissen, wieso!? Und das Mütterrudel rief, weil es Zwillinge sind!! Haha! Aber diesen Witz verstand das Fräulein Meier nicht, und ehrlich gesagt, jetzt, wo ich es Ihnen erzähle, finde ich es auch nicht mehr sehr witzig. Vielleicht hatte es was mit dem Sekt zu tun, dem die Rudelmütter an jenem Nachmittag zusprachen; der Jahreswechsel war, wenn ich mich recht entsinne, in irgendeine Richtung nicht weit. Aber was das Fräulein Meier feststellte, stimmt auch wirklich ganz und gar: Die Mimis sehen sich kein bisschen ähnlich, die eine ist mehr kugelig, die andere eher würfelig, und sie unterscheiden sich auch im Charakterlichen ganz wesentlich. Der Lange hat kürzlich über die Kugelmimi gesagt: Wenn ich dieses Kind mit irgendetwas aus der Natur vergleichen müsste, dann würde ich sagen: Am ehesten erinnert es mich an einen Schützenpanzer. Und obwohl ich die Mutter dieses Kindes bin und Mütter stets zur Verklärung ihrer Brut neigen, musste ich sagen: Das stimmt, und ich hatte nur einen Einwand: dass ein Schützenpanzer nämlich keinen Wutanfall kriegt, wenn man ihn im Gelände ein wenig sich selbst überlässt, die Kugelmimi dagegen schon.

Aber das Mütterrudel wollte lieber von Fräulein Meier Details aus dessen Liebesleben erfahren, wollte von jugendlichen Liebhabern hören, von heimlichen Affären, das ganze herrlich-schmutzige Pipapo eben, weil du, Fräulein Meier, rief das Mütterrudel, hast ja ein Liebesleben! Im Unterschied zu uns! Aber das Fräulein Meier gab sich leider ganz diskret, machte nur eine kleine Andeutung über einen sehr feigen Kerl und erzählte ansonsten nichts, schob dann bald eine vergessene Verabredung vor und floh von dannen. Aber wie gesagt: So viel Tapferkeit ist selten. Nicht mal Sedlacek hält so lange aus, und dessen Organismus enthält so was wie Nerven überhaupt nicht.

Im Trauerspiel

Zwei Abende später dann ich tat Busse dafür, dass ich das Fräulein Meier zwei Nachmittage früher mitten in der Babyhölle platziert habe; ich ging mit ihr ins Theater. Ein größeres Opfer kann ich mir kaum denken, und es war ein dreistündiges Stück. Es begab sich aber, dass es mir außerordentlich gefiel und ich dem Schauspiel – es handelte sich um Lessings „Emilia Galotti" in der Regie von Andrea Breth – bis zum Ende atemlos folgte. Und was halten wir denn vom Herrn Sven Erik Bechtolf (der den Prinzen gab)?, hab ich das Fräulein Meier hernach an der Theke des „Expedit" gefragt, und das Fräulein Meier sagte, dass wir von dem Herrn ausgesprochen viel halten, nicht nur in künstlerischer Hinsicht, und ist denn nun eigentlich die Beziehung zu Frau Esther Schweins, die man ja aus dem TV kennt, gelöst? Das konnte ich nicht sagen, nur dass ich ihn kürzlich, als ich mit Mizzi im „Novelli" saß, dort speisen sah. Ohne Frau Schweins.

Im „Expedit" fütterte uns der Koch, weil es schon spät war, mit den Resten der Abendkarte; mit verschieden gefüllten Ravioli in Salbeibutter, mit einem Kartoffel-Tintenfisch-Salat und mit einem Huhn in Tomatensauce, während das Fräulein Meier und ich grünen Veltliner tranken und uns über die Liebe unterhielten. Ich erzähle dem Fräulein Meier also ein bisschen was von meiner Liebe, und das Fräulein Meier erzählt mir was von ihrer. Die komme, klagt das Fräulein Meier, derzeit eigentlich nur als Sex daher. Und dieser könnte, findet das Fräulein Meier, häufiger werden, und auch eine Progression im Qualitativen – durchaus auch im Emotionalen – wäre höchst wünschenswert. Sag mal, sagt das Fräulein Meier, kannst du mir nicht einen Mann finden in deiner Kolumne? Einen Mann oder ein paar spannende, intelligente Liebhaber? Ich hab schon mal erwähnt, dass das Fräulein Meier von ausgesuchter Tapferkeit ist, aber wie man jetzt sieht, verfügt es auch über verwegenen Mut.

Stellen wir das Fräulein Meier also erstens vor. Ihre beste Freundin sagt über das Fräulein Meier Folgendes, das übernehme ich hier unredigiert: „Das Fräulein Meier ist schön, stark und erfolgreich. Sie will nie Kinder, lieber nicht heiraten und auch auf absehbare Zeit mit keinem Mann zusammenziehen. Trotzdem glaubt sie an die große Liebe. Da sie aber ständig zwischen Zürich, Berlin, Wien, Hamburg und bald auch Amerika unterwegs ist, hat sie keine Zeit, sich um die Liebe oder Ähnliches zu kümmern. Weshalb die Liebe oder Ähnliches sich gefälligst um sie kümmern soll." Das finde ich auch. Zweitens brauchen Sie, Leser, nicht zu glauben, dass das Fräulein Meier hier feilgeboten wird wie eine Zuchtkuh. Es hat keinen Sinn, sich jetzt beim Fräulein Meier einschleimen zu wollen, denn das Fräulein Meier sucht sich seine Männer selber aus. Rufen Sie nicht an, wir rufen Sie an: Nächste Woche erscheint an dieser Stelle eine Liste jener 50 Herren, mit denen das Fräulein Meier eventuell ausgehen würde, so sie sich in charmanter Form darum bewerben. Vielleicht ist Ihnen das Glück aber hold, und Ihr Name kommt vor.

Meiers Liste

Das Bangen und Hoffen hat ein Ende. Es folgt, wie letzte Woche versprochen, die Liste jener 50 Männer, denen das Fräulein Meier die Fähigkeit zutraut, ihre derzeit unbefriedigende amouröse Gesamtsituation zu verbessern: Alex Capus (hatte mal diese wahnsinnigen Haare); Alexis Schwarzenbach (ein Mann von Familie); Andreas Fanizadeh (der Linkste oder Zweitlinkste dieser Liste); Andreas Kirchhoff (der Schönste und sehr nett); Andy Hammelehle (der schönste Beinahebasler); Armin Kerber (Kulturkampfkanone); Arne Zank (so ein hübscher Schlagzeuger); Bernard Trontin (und gleich noch so ein hübscher Schlagzeuger); Bernhard Russi (von Kindheit an das Idol schlechthin); Bernhard Schnur (begabter Mensch, etwas faul); Burkart Schnabel (noch einer aus Basel); Campino (no comment); Carsten Spengemann (tragischer Soap-Gutmensch); Christian Groß (und noch einer aus Basel); Christoph Schlingensief (no comment); Christoph Schuler (sehr netter Nachbar). Gilles Tschudi (tragischer Soap-Bösewicht); Jochen Diestelmeyer (schwer sentimentaler Künstler); Jusuf Gör (schwer sentimentaler Hafenarbeiter); Klaus Doblhammer (großartiger Schachspieler); Klaus Ruttmann (ehemaliger Beinahebierbrauer); Kuno Lauener (no comment); Linus Reichlin (wurde einmal versetzt, wird nicht wieder vorkommen); Marc Forster (no comment); Marcel Vega (Hamburgs süßeste Versuchung); Markus Kavka (lieber Kavka als Kafka); Markus Schneider (der Linkste oder Zweitlinkste dieser Liste); Martin Gretschmann (unfassbar hoch begabt, unfassbar uneitel); Martin Horn (besitzt unter anderem auch ein Schloss); Matthieu von Rohr (blutjung); Michael Pfister (ein großer

Intellektueller); Mike Müller (größter Schweizer Schauspieler der Zukunft); Oliver Mallison (am größten mit Rainald Goetz); Paul Kenimok (hat nichts mit Rainald Goetz zu tun, ist selbst groß); Peter Lau (kommt bald nach Rainald Goetz); Peter Rettenmund (der tollste Familienname der Welt); Peter Salis (ein Mann von Familie); Philipp Meier (der Mann, dem die Zürcher Nächte gehören); Philipp Sarasin (und noch ein großer Intellektueller und von Familie); Rainald Goetz (klügster deutscher Schriftsteller, vielleicht aber schwul); Raphael Clamer (hoch begabter Soap-Nachwuchs); Robert Hunger-Bühler (würde sich auch in einer Soap ausgezeichnet machen); Samy Liechti (blondlockiger Erfinder); Sedlacek (eine Herausforderung auf jedem Gebiet); Stefan Kurt (stand schon an der Seite von Heike Makatsch); Stephan Zweifel (und noch ein großer Intellektueller); Thomas Haemmerli (hat einen schlechten Ruf); Tobias Moretti (der schönste Freund des Hundes); Tom Kummer (schwierig, aber nicht ohne); Urs Jucker (beinah das Opfer einer tragischen Verwechslung). Diese 50 Herren – und NUR diese 50 Herren – haben die Lizenz, unter der Adresse fraeuleinwunder@dingsbox.com eine Offerte für ein vertiefendes Sondierungsgespräch sowie eine Telefonnummer zu legen. Es gilt: Je charmanter, desto Rückruf. Der Rechtsweg ist ausgeschlossen, die kolumnistische Verwertung der Angebote und alles daraus Resultierende dagegen nicht. Wir hoffen bang, das Fräulein Meier und ich.

Nein. Nein!

Irgendwas ist am Geschehen, und ich glaube, es wird was Gutes. Mein Horoskop, das mir Rosi am Sonntag im Palmenhaus vorgelesen hat, weiß davon nichts, es warnt mich nur vor überstürzten Entscheidungen. Rosi und Kathi waren aus Zürich da, zwei feine Tage lang. Ich versuchte ihnen ein bisschen was von der Schönheit Wiens zu zeigen, aber es regnete, und Rosi sank nach einem höllischen Zehnminutenmarsch erschöpft vor dem Herrenschneider Knize darnieder und war dem 14-Uhr-Hunger der Mimis recht dankbar, der uns zu Fütterungszwecken in die Lederfauteuils des Palmenhauses zwang. Dort verweilten wir ein wenig, kosten die Mimis, kosteten österreichische Weißweine, lasen Horoskope, und ich warf wiederholt begehrliche Blicke in ein Strenesse-Sackerl, in dem sich ein vorzügliches Kleid verbarg, das Kathi im Winterschlussverkauf erstanden hatte. Außerdem bin ich beim Zürcher Klatsch wieder auf dem Laufenden. Es war ein prima Wochenende.

Und sonst … Die Mimis können schon viele Kunststücke; rumkugeln, quietschen, grunzen, zermanschte Pasta essen, sich in der eigenen Speibe wälzen, die TV-Fernbedienung kaputtsabbern und die herzige Entenfamilie, die ihnen Rosi und Monika mitgebracht haben, ununterbrochen „Alle meine Entchen" quaken lassen, was der Lange und ich total spitze finden, nochmal vielen Dank. Ich koche zermantschte Pasta, föhne Fernbedienungen und habe jetzt schon ungefähr 30.000 Zigaretten nicht geraucht, was durch die Entenfamilie nicht einfacher wird. Auch der Lange erlebt etwas, er war am Samstag bei Ikea, ohne in der Pipifax-Abteilung Amok zu laufen, und hat gestern den Christbaum entsorgt – eine bewundernswerte Leistung, den vom vorletzten Jahr haben wir so lange auf der Terrasse geparkt, bis schließlich ein Vogel sein Nest darin gebaut hat; kein Witz. Und sonst …

Sie würden natürlich gerne erste Berichte von den meiermännerschen Entwicklungen lesen, aber ich muss Sie zeitlochbedingt leider vertrösten: Jetzt, während ich dieses hier schreibe, wird Fräulein Meiers Liste erst in zwei Wochen erscheinen. Ich kann allerdings berichten, dass Sedlacek, der von seiner Präsenz auf der Liste Wind bekam, versucht hat, sich beim Fräulein Meier Vorteile zu verschaffen. Sedlacek wollte mich dazu überreden, dem Fräulein Meier unter seinem Namen ein Angebot zu formulieren, aber das kommt nicht in Frage, dass ich das Fräulein Meier dem Sedlacek zutreib, schlag dir das aus dem Kopf, Sedlacek. Nein. NEIN!

Sedlacek ist, das wird die Mimis noch reuen, ein überaus geeignetes Trainingsobjekt zur Festigung maternaler Entschiedenheit. Nein, Sedlacek, du darfst meine Freitag-Tasche nicht zerschneiden, nein, auch nicht, wenn sie dir in den Augen wehtut, nein, Sedlacek, ich halte es für keine gute Idee, wenn du dir hier am Restauranttisch eine Linie aufziehst, nein, die Handynummer vom Fräulein Meier kriegst du nicht, und bitte, Sedlacek, komm unter dem Tisch hervor, sofort! Einmal war Sedlacek sehr eng mit einem hübschen, jungen Paar befreundet, das sich rund um die Uhr um Sedlacek kümmerte. Aber dann kriegten sie ein eigenes Kind, und die Freundschaft verendete. Ich weiß jetzt, warum.

Ruf. Mich. Nicht. An.

Ich weiß nicht, welchen Teil des Satzes „Rufen Sie nicht an, wir rufen Sie an“ die sieben Schweizer sowie Herr Blumenau, ein österreichweit für seinen Charme berüchtigter Radiomoderator, nicht verstanden haben, aber sie haben sich noch am Tag des Erscheinens der Fräulein-Meier-Klage schriftlich bei mir um das Fräulein Meier beworben. Ich schrieb doch deutlich, dass das keinen Sinn hat! Nur die auf der Liste! Unbelehrbar wie immer, die Männer. Von den gelisteten Herren kann ich nichts berichten, die Liste ist noch nicht erschienen, jetzt, während ich schreibe. Ich kann Ihnen aber erzählen, dass das Handy des „Süddeutsche“-Kritikers Helmut Schödel, der augenblicklich an einem Tisch schräg hinter mir im Café „Eiles“ sitzt, alle paar Minuten mit einem furchtbaren Gedüdel losheult; es klingt, als spielte Schödel Ragtime auf einer Bontempi-Orgel. So was tut man in einem Wiener Kaffeehaus nicht, es müsste ihn jemand darauf aufmerksam machen. Immerhin telefoniert er leise, was Schödel von mir leider nicht behaupten kann, da mich soeben Sedlacek anruft, um mir mitzuteilen, dass er gerade in der U-Bahn sitze, was ich gerne mit einem der Monumentalität dieses Ereignisses angemessenen Erstaunen kommentieren würde, müsste ich ihn nicht mit Flüchen eindecken, weil er mich nun schon seit 25 Minuten im Café „Eiles“ warten lässt.

Was mir momentan unendlich auf den Geist geht: dass, seit es Handys gibt, jeder immerzu zu spät oder gar nicht kommt, niemand außer mir ist mehr pünktlich, alle rufen ständig an, um mir zu erklären, warum sie viel später oder gar nicht kommen, während ich schon längst am verabredeten Ort warte oder die Wohnung aufgeräumt und die Mimis fein gemacht habe. Und ich sitz dann da und werde wütend und wütender, und falls die Verspäter irgendwann doch kommen, bin ich die ganze Verabredung hindurch wütend, und wenn ich endlich nicht mehr wütend bin, naht der Abschied.

Letzthin hatten die Mimis und ich mit Mizzi im Kaffeehaus abgemacht, ich hatte Mizzi noch gesagt, sei bloß pünktlich, denn allein mit zwei Babys im Kaffeehaus, das hältst du nicht aus, aber natürlich kam sie eine halbe Stunde zu spät, und ich musste beide Mimis gleichzeitig auf den Knien hutschen, damit sie nicht rumbrüllen, und die Leute zeigten begeistert mit den Fingern auf mich und meine kleine Zwillingsausstellung, es war so demütigend, und ich hab Mizzi dann so geschimpft.

Und obwohl ich diesmal ohne die Mimis im „Eiles" sitze, beschimpfe ich Sedlacek erstmal tüchtig, als er 45 Minuten zu spät erscheint, was ihm wie immer einerlei ist. Sedlacek verlangt, dass ich ihn frage, warum er mit der U-Bahn gefahren ist. Und da es sich, wenn Sedlacek das Innere eines öffentlichen Verkehrsmittels betritt, tatsächlich um ein Ereignis von der Häufigkeit einer totalen Sonnenfinsternis handelt, frage ich ihn, warum er mit der U-Bahn gefahren ist, und selbstverständlich hat es mit einer Frau zu tun, aber es ist eine bemerkenswert langweilige Geschichte.

Knietief im Aua

Jetzt dauert es nicht mehr lang. Jetzt ist es bald vorbei; aber wie immer ist es kurz vor Schluss am Schlimmsten. Das ist beim Aufräumen so, beim Warten und beim Winter. Kurz vor Schluss ist es am Schlimmsten. Kurz vor Schluss watet man knietief im Dreck, bleibt die Zeit stehen, erwischt einen die Winterdepression voll. Mit der Winterdepression wird jeder anders fertig, viele saufen. Sedlacek nicht, der hat sich entschlossen, seinen Job zu kündigen, und ich musste ihm erklären, dass er seinen Job nicht kündigen kann, weil er der Chef ist. Rosi schickt mir ein nächtliches SMS: „Liebes, meine Achtung vor den Red Hot Chili Peppers wächst täglich. Dabei habe ich solche Vorbehalte. Sonst gehts mir gut." Ich smse zurück, dass ich Herrn Kiedis die schändliche Art, wie er die süße Frau Klum behandelt hat, momentan nicht verzeihen könne, und was Rosi Schönes trinke? Champagner, smst Rosi, und ich begrüsse das. Ich habe Bellini getrunken und bereue das zutiefst; ein elender Kater hilft mir dabei.

Der Lange geht gegen seine Winterverstimmung vor, indem er sich am Fehlfarben-Konzert furchtbar besäuft, wo er zufällig mehrere Väter des Mütterrudels trifft, die sich ebenfalls furchtbar besaufen, und bald danach, wie der Lange, von ihren Frauen grob beschimpft werden, ob sie eigentlich völlig deppert geworden sind, und dass sie jetzt keine Kinder mehr sind, sondern Kinder haben und so weiter und so fort, man kennt das aus Funk und Fernsehen. Der Lange und die anderen Väter fühlen sich missverstanden, wo doch die Fehlfarben wieder einmal gespielt haben, die Fehlfarben! Jaja, die Fehlfarben, und jetzt unter die Dusche, aber dalli.

Wenigstens einer versteht den Langen, immer noch, immer wieder: Nick Cave nämlich, der kürzlich in einem Interview meinte, oh ja, er liebe seine Zwillinge sehr, aber ein guter Tag sei ein Tag, an dem er sie wieder nicht geschlagen habe, haha, da fühlte sich der Lange in seinen anhaltenden Vater-sein-dagegen-sehr-Qualen hervorragend repräsentiert. Es ist beruhigend, wenn die Idole der Jugend gleichzeitig älter, erwachsen, Väter werden. Werden müssen.

Außer dass ich mich mit Mizzi und Bellini niedergemacht habe, werde ich mit meiner Winterdepression fertig, indem ich sie verdränge, früh zu Bett gehe und Trost bei Dr. Al Green suche. Der andere Dr. Soul, der mir einst über den Zürcher Winter half, ist in Zürich und kann mir deshalb nicht meine Frage beantworten, die zirka so lauten würde: Lieber Dr. Soul, ist es gut, so zu tun, als hätte man keine depressive Verstimmung, obwohl man eigentlich weiß, dass man eine hat? Ist Verdrängung in dieser Hinsicht zu begrüssen oder abzulehnen? Leider hätte der Zürcher Doktor für mich wohl sowieso keinen Rat mehr parat (ich zahlte meine Rechnung viel zu spät, wofür ich mich schäme), also sage ich und sagt Mizzi mal so: Lets verdräng it, einer geht noch, und wenn im April die Krokusse spriessen, wird alles wieder gut. Es dauert ja jetzt nicht mehr lang. Derweil muss sich Dr. Green um uns kümmern. Nein, die Sprechstunden von Dr. Bellini besuchen wir vorläufig nicht mehr. Zu viel Aua im Abgang.

Gestatten, Vollpfeife

Ich steh also grad in der Küche und schnippel Äpfel klein und höre Interpol, und es ist herrlich, denn Interpol ist eine prima Band. Die Sonne scheint, die Mimis schlafen, und die Äpfel sind für einen Apfelstrudel, und der ist für Lotte, die gestern angerufen hat, dass sie die Mimis schon so lang, drei Monate, nicht mehr gesehen hat und unbedingt wieder mal sehen muss. Und dann klingelt das Telefon, und es ist Lotte, und sie sagt, sie muss leider doch arbeiten, und ich sag, ach nein, Lotte, und Lotte sagt, wie gerne sie mal wieder die Mimis sehen möchte, aber was soll sie machen, wenn die Mimis immer schon um sieben schlafen gehen, da arbeitet sie eben leider noch.

Das deprimiert mich derart, dass ich mich zwei Tage und acht Abende ins Bett lege, und, während die Mimis schlafen oder der Lange auf sie schaut, die neue Siri Hustvedt lese (gute Geschichte, interessantes Milieu, furchtbar geschrieben), dann den neuen Ian McEwan (sehr gut, nachdem ich den bislang als einzige Leserin der Welt eher öd fand), dann den halben David Foster Wallace. Und der ist nun so gut, dass ich niemandem davon erzählen möchte, weil ich nicht will, dass irgendwer außer mir seine Sachen kennt, damit ich unerwischt daraus abkupfern kann und mich an der sexy Syntax, in der Wallace seine radikal zeitgenössischen Geschichten schreibt, zum Beispiel eine (sagt man eigentlich: Wallace? Oder: Foster Wallace?) Klammer nicht, wo sie hingehört, zu setzen, sondern ein kleines bisschen später. Das Buch, eine Storysammlung, heißt „Kurze Interviews mit fiesen Männern", bitte lesen Sie es nicht.

Im Gegensatz zu Wallace (oder Foster Wallace) sind das Fräulein Meier und ich komplette Versager. Die Liste vom Fräulein Meier ist so was von gescheitert; gäbe es einen Scheitern-Weltcup, die Liste wäre Hermann Maier. Über den Inhalt der Mailbox fraeuleinwunder@dingsbox.com lässt sich Folgendes berichten: 1 Dame sandte unter 3 Namen bislang insgesamt 21 Zuschriften. Es meldeten sich 2 Alexis Schwarzenbachs, von denen 1 in einem charmanten Schreiben die traurigen Nachrichten hinterbrachte, dass er a) in festen Händen und b) schwul sei, aber er habe einen Bruder, ob er den mal fragen solle? Philipp Meier schrieb, er habe alles, was er gerade verfasst habe, wieder geschlöscht, da ihm soeben die Drohung mit der Kolumnenverwertung ins Auge gesprungen sei, er fühle sich aber geschmeichelt. Peter Steiner tat das nicht, er mailte, er wolle, da er sowohl Meier als auch Knecht zutiefst hasse, sofort von der Scheissliste entfernt werden, was insofern interessant ist, als ein Peter Steiner auf der Scheissliste nicht aufscheint. Dasselbe erbat sich Samy Liechti, wenn auch in vollendet höflicher Form.

Totales Grounding, völlig versagt. Zum Glück ist Scheitern grad chic und passt sehr gut zu meinen eben erstandenen Kreppkeilsohlenwildlederstiefeln und zu Fräulein Meiers neuem Audrey-Hepburn-Frühlingsmantel. Sagen wirs mit den Worten der momentan uncoolsten deutschen Band Surrogat, die diese Weisheit wiederum vom gescheitertsten deutschen Boxer, René Weller, geborgt hat: „Wenn wir unten sind, ist unten oben." Das gilt sozusagen auch für das Fräulein Meier und mich.

Es geht voran

So, jetzt haben Sie sich eine Woche lang an des Fräulein Meiers und meiner Niederlage ergötzt, haben in der Kirche ein Kerzlein angezündet, weil Hochmut endlich doch mal mit Fall bestraft wurde, jetzt ist genug. Jetzt wird berichtet, dass ein Herr, der vom Fräulein Meier zufällig in einem Flugzeug angetroffen wurde (und nun bittebittebitte nicht mehr genannt werden möchte), stöhnte, er sei so zirka 7000-mal auf seine Präsenz auf der Liste aufmerksam gemacht worden, trotzdem vielen Dank. Auch der Herr Lau hat freundlich geschrieben, wenngleich an die meiersche Privatadresse, ein vergeblicher Versuch, meiner Rezeption zu entkommen. Weiters traf das Fräulein Meier auf Oliver Mallison, der berichten konnte, dass er am Tag, an dem sein Name auf der Liste erschienen war, von den Schauspielhaus-Kantinenmädchen mit Gekreisch empfangen und gezwungen wurde, eine makellose „Magazin"-Seite mit seiner Unterschrift zu versauen. Die Listensache ist also nicht grandios gescheitert, sie ist nur gescheitert. Ja, vielleicht sogar nur ein bisschen, weil der Herr Mallison hat das Fräulein Meier zum Essen eingeladen. Nein, sie waren noch nicht. Jajaja, ist schon gut, Berichte folgen.

Apropos plemplem: Ja, ich schäme mich, Gedanken zu haben, die darum kreisen, wie ausgefuchst es doch ist, das Batteriefach einer alten Hi-Fi-Fernbedienung mit Reis zu füllen und damit das Techno-Mimi von der richtigen TV-Fernbedienung abzulenken. Leider ist es die reine Wahrheit. Was bin ich doch für ein gute Mutter, wenn auch vollkommen gehirnamputiert. Zum Glück geht es den anderen Müttern des Mütterrudels nicht anders, und so bestätigen wir uns alleweil gegenseitig die situationsbedingte Unvermeidlichkeit unserer fortschreitenden mentalen Degenerierung, in Allianz mit der Versicherung, dass schon alles wieder gut, auf jeden Fall besser werde, wenn die Kinder erst blablabla (hier irgendwas rein, völlig wurscht was).

Dennoch brauchen Sie nicht glauben, dass es in unseren Gesprächen nur um Kinder geht. Wir sprechen auch über Politik, Philosophie, Literatur, Gentechnik, Quantenphysik und die romantizistische Naturverherrlichung in der zweiten Strophe der Neubearbeitung von „Hänschen klein", wie sie uns in „Die schönsten Kinderlieder: 10 beliebte Klassiker 1" untergekommen ist. (Die Kinder kommen gerade in ein Alter, in dem sie von ihren Eltern angesungen werden wollen, während die Eltern gerade in einem Alter sind, in dem das letzte Kinderlied vor gut dreißig Jahren verklang. Die Bücher der Reihe „Die schönsten Kinderlieder" verfügen am Rand über eine Leiste, aus der auf Knopfdruck die Melodie zum jeweiligen Kinderlied erschallt, sehr praktisch.) Da geht es, nachdem Hänschen in die Welt gezogen ist, plötzlich um die regenerativen Aspekte des Monats Mai, um Sonnenschein auf Flur und Hain, um Vogelsang und Hörnerklang, wo doch im Original, daran erinnern wir uns alle, die Vor- und Nachteile von Hänschens gesunder Abnabelung beleuchtet wurden, wobei man auch hier über die finale Katharsis – das Hänschen kehrt heim zur Mutter – diskutieren muss. Ich sagte doch plemplem.

Auf die Knie!

Es ist noch nicht zu Ende. Denn des Fräulein Meiers Männerliste erfüllt jetzt unerwarteterweise doch noch ihren Zweck – bei den Schweizer Männern dauert, wie ich allmählich wissen sollte, halt alles ein bisschen länger. Zwecke hatte die Liste bekanntlich zwei: a) dem Fräulein Meier einen Mann zu finden, b) diese Kolumne hier nach dem „Deutschland sucht den Superstar"-Prinzip mit selbstgefurzten Sensationen und ihren Spin-offs zu füllen und damit ein bisschen Quote zu machen.

Beides war nun erfolgreicher, als es die ersten Ergebnisse ahnen ließen, denn a) meldeten sich jetzt doch noch 34 Prozent der Männer auf der Liste. (Allerdings ist zu beklagen, dass diese 34 Prozent ihre Offerten nicht an jene Hotmailbox richteten, zu der auch ich Zutritt habe, sondern direkt an des Fräulein Meiers Privatadresse. Werte Herren, das ist nicht mein Sinn der Sache! Und ich weiß nicht, ob ich dieses seitwärtse Ausweichen ins Heimliche als wieder mal typisch schweizerische Feigheit anprangern oder als vorbildlich eidgenössische Diskretion loben soll. Muss ich ausführen, was ich glaube? Danke.) Auch bezüglich b) ließe sich vielerlei Positives über das mediale Echo der Aktion „Meier sucht den Super-Mann" berichten, aber wissen Sie was? Das Thema wird mir allmählich zu kindisch. Zudem teilt mir das Fräulein Meier soeben mit, es übersiedle die nächsten Wochen und Monate nach Berlin, könne also schweizmannrendezvoustechnisch vorläufig sowieso nichts zu dieser Kolumne beitragen, sondern hoffe, dort „Kavka, Kirchhoff und Schneider zu treffen" (wer ist Schneider???), und was das Fräulein Meier bei und mit den Berlinern macht, interessiert Sie ja wohl nur halb so brennend.

Trotzdem ist es hoffentlich was Schönes.

Und wenn selbst Sedlacek, durch dessen Schlafzimmer sich eine Carrera-Rennbahn schlängelt, meine zunehmende Infantilisierung kritisiert, muss man die Lage als dramatisch bezeichnen. Ich weiß auch, woher das kommt: Das kommt davon, wenn man den halben Tag auf Knien herumkriecht und den Mimis, die dafür leider ein bisserl zu doof sind, versucht, das Krabbeln beizubringen sowie ein wenig angewandte Konstruktivität, nämlich dass man das Lego-Manderl nicht nur aus der Lego-Lok rausreißen, sondern auch in die Lego-Lok hineinsetzen kann. Was die Mimis in etwa so interessiert wie George W. Bush die Innenpolitik eines Entwicklungslandes ohne Ölvorkommen. Ich war immer der Meinung, dass eine Frau auf den Knien nichts verloren hat, und zwar nie, und „nie" meine ich im Sinne no, Sssir, auch dann nicht.

Leider hintertreiben die Mimis das genauso, wie sie erst meine Vorsätze bezüglich des Kochens (niemals!) hintertrieben, und dann meine gebrochenen Vorsätze bezüglich des Kochens, indem sie mir den Besuch eines Kochkurses, den ich vorigen Montag bei einem Haubenkoch machen wollte, mit 40 Grad Fieber vereitelten. (Ach, am Tag danach ging es ihnen schon wieder viel besser, danke der Nachfrage.) Vermutlich nehmen es mir die Mimis übel, dass es sich beim Kochenlernen um eine Erwachsenensache handelt, die man im Stehen erledigt. Sie wollen mich auf den Knien, diese Biester.

Forever Young

Wenn mich jetzt noch einmal jemand anrotzt oder niederquengelt, verlasse ich die Wohnung und kehre nicht wieder. Meine Familie, üblicherweise ein Quell der Freude und des Juchhes, jammert mich mürbe. Erst wurde das Kugelkind krank, dann der Lange, dann das Würfelkind, und alle leiden sie voller Hingabe, am engagiertesten aber das Würfelchen, das schicken wir später mal zum Theater. Ich hole das Äußerste an Mütterlichkeit aus mir heraus, koche Tee und Süppchen, tröste und streichle und entsage selbstlos allen Freuden und Vergnügungen.

Mizzis 40. Geburtstag aber nicht. Kommt nicht in Frage. Denkt nicht mal dran. Schließlich hatte ich auch in dessen Vorfeld viel Kummer zu ertragen, da Mizzi dem herannahenden Ereignis engagiert und voller Hingabe entgegenlitt und es stets nur flüsternd erwähnte, als ließe sich damit der Gott der großen Vier gnädig stimmen, auf dass er es vielleicht noch ein einziges Mal 39 werden lassen könne, ein letztes Mal … Natürlich galt es, Nachdrückliches zu schenken, und die Freundinnen of Mizzi berieten sich: Wert- und sinnvoll müsse es sein, nachhaltig und schön, Prada, Gucci oder Botox, das war hier die Frage. Aber die Jubilarin kam allen Vergänglichkeiten zuvor und wünschte sich ein kostbares kleines Schreibgerät. Sie gedenke, erklärte Mizzi, im Verlauf ihrer zweiten Lebenshälfte noch viele lukrative Verträge zu unterzeichnen, darunter ganz bestimmt auch noch diesen oder jenen Ehevertrag, und sie sei nicht willig, das mit einem Bic-Kuli zu tun. Wenn es uns also nichts ausmache, würde sie an ihrem Jubeltag gerne eine Füllfeder der Marke Edelundteuer auspacken, und zwar die kleine, güldene mit dem blauen Steinchen. Sie sei im Gegenzug bereit, ihre Party an dieser Stelle mit ein paar schrillen Schreien der Verzückung zu garnieren. Wir waren einverstanden. Ich aber fand, dass ich einer so wunderbaren Freundin wie Mizzi zum gemeinsamen Wertvollen noch etwas individuell Persönliches schenken sollte. Und beim Schenken gibt es ja kaum etwas Persönlicheres als ein wenig praktizierte Selbstaufopferung, also: a) Strippen, b) Kuchen backen oder c) häkeln. Und da Mizzi von a) nichts und von b) nicht lange was gehabt hätte, häkelte ich. Ich häkelte der Tintenpreziose ein kleines Etuichen rundherum, in den von Prada für die Frühlingssaison vorgeschriebenen Farben Pink und Orange, und Mizzichen erkannte den Geist der Geste und presste ein glitzerndes Tränchen der Rührung aus dem Auge, was ich angemessen fand. Es war viel Leid mit dem Geschenk verbunden, blutige Hölle.

Das Fest war dann freudvoll und lebensfroh: Viele feine Menschen kamen, es wurde begeistert geherzt und geküsst, es gab schöne Reden und laute Gesänge, Mizzi packte juchzend japanische High-Tech-Crèmen und feinste Erstausgaben aus und wurde dem Anlass entsprechend ausgiebig von Leuten getröstet, die ihn schon hinter sich hatten. Und gegen Mitternacht waren alle betrunken genug, um das Unaussprechliche zu tun ... Wir tanzten zu den Klängen von „Forever Young“ Ringelreihen und sangen laut dazu. Mehr kann man von einem Vierziger wirklich nicht erwarten.

Mit uns nicht!

Wieder eine Geburtstagsfeier unter Freunden. Das Essen ist gut, die Getränke reichlich und der Lange ist DJ und spielt prima Büchsenöffner-Musik, und alles wäre nett und quietschvergnügt an diesem Abend in der „Expedit-Bar“, wäre es nicht Tag zwei der Irak-Offensive. Und deshalb ist Gruber nicht zu der Party gekommen, weil Gruber unbedingt in diesen idiotischen Krieg ziehen musste, mitten rein nach Bagdad, dieser Blödmann. Plötzlich brüllen ein paar: Musik aus!, und der Lange reißt den Regler runter, denn auf dem kleinen Fernseher, der in einer Ecke tonlos die Nachrichten zeigt, ist jetzt Gruber zu sehen, der live aus seinem Hotelzimmer in Bagdad berichtet, worauf ein Geräusch ein anderes ablöst. Erst geht ein Seufzer der Erleichterung über Grubers Intaktheit durch die Bar, dann erhebt sich entsetztes Geschrei, denn was um alles in der Welt hat er da an? Ist das ein Geschirrtuch, das er da um den Hals hat? Und was ist das auf seinem Kopf? Ein Barbie-Schlauchboot? Oder ein halber Moonboot? Himmel! Und während noch einhellig die Meinung kundgetan wird, dass man nicht mal im Krieg so geschmacklos angezogen sein darf, bemerkt einer etwas auf einem Brett hinter Grubers rechtem Ohr, und es ist ein halbvolles Nutellaglas. Wie jeder Krieg bringt auch dieser die düstersten Seiten der Menschen zum Vorschein.

Am nächsten Tag ist Friedensdemo, und ich meine, dass es jetzt langsam an der Zeit ist, die Mimis ein wenig zu politisieren, also rufe ich Mizzi an, und Mizzi sagt, das ist mal ein vernünftiges Samstagnachmittagprogramm, da kommt sie gerne mit. Die Demo beginnt am Bahnhof, aber wir sind spät dran und entscheiden uns für einen Quereinstieg über die Mariahilferstraße, die prallvoll mit Menschen ist. Schau, sagt Mizzi, da ist ja schon die Demo, und ich sage: Mizzi, die mit den Einkaufssackerln auf dem Gehsteig, die tun shoppen, aber siehst du die Leute, die da vorne mitten auf der Straße gehen und aufgespannte Leintücher und Plakate auf Stecken tragen?, das sind die Demonstranten. Mizzi sagt, aha, und dann schmücken wir den Mimiwagen mit einem kleinen Peace-Fähnchen und warten am Straßenrand auf die Demo und darauf, dass ein Block kommt, mit dem wir uns irgendwie identifizieren können. Aber es kommen Gewerkschaft und Grünjugend, Muslime und Antikapitalisten, Sozialisten, Radikalisten, die „Pagans for Peace“ mit einem „Proud of old Europe“-Transparent, die Secondos, noch eine Gewerkschaft. Nur der Block „Proseccobedüdelte Konsumfeministinnen in Jimmy-Choo-Stiefelchen gegen den Krieg“ kommt nicht und nicht daher, worauf wir schließlich zirka zwölf Meter in der Nähe der Grünen marschieren, bis wir beschließen, dass es sich in der U-Bahn viel stiefelchenschonender demonstriert. Weshalb wir dann praktisch die Ersten auf der Schlusskundgebung sind. Glücklicherweise gibt es am Platz eine nette kleine Bar, wo die kleinen Mädels antiimperialistisches Apfelmüesli essen und die großen Mädels Gin T.s gegen George W. trinken. Ich würde mal sagen: Jeder protestiert mit seinen Mitteln.

Meet the Zwinglis

Und wie wir dann endlich in Zürich ankommen, die Mimis im Zwillingswagen, der Lange und ich voll beladen mit Gepäck, und am Taxistand beim Bahnhof ein wenig winken, da unterbrechen die Taxler nicht mal ihr Gespräch. Und erst als wir bisschen hallohallo rüberbrüllen, lassen sie sich herab, uns mitzuteilen, dass sie uns sicher nicht mitnehmen, weil Kleinkinder nur im Kindersitz, nein, so was führen sie natürlich nicht mit. Worauf ich frage, ob die Eltern ihre Kindersitze normalerweise mitbringen, wenn sie mit ihren Kindern geflogen und Zug gefahren sind und dann mit dem Taxi wohin müssen? Nein. Worauf es mir ein bisschen ablöscht und ich es dem arrogantesten Deppen dort grad irgendwie auf seine Parade regnen lassen will, aber dann erbarmt sich ein freundlicher Farbiger mit einem Kombi, wir dürfen die Mimis auf dem Schoß festhalten und fahren ins Seefeld. Es herrscht nicht viel Verkehr, aber als wir ausgestiegen sind und der Taxler will kehren, kommt ein Schweizer von hinten angefahren und ist nicht bereit, mal kurz zu bremsen, obwohl das Taxi bereits quer in der Straße steht, und der Lange und ich machen mit den Mimis sicherheitshalber Tempo hintern Gartenzaun, und der Taxler gibt vorwärts Vollgas, schlatzt aber durchs Seitenfenster dem Schweizer noch kräftig auf seine gepützelte Kühlerhaube, was der Lange und ich völlig in Ordnung finden.

Später packen wir die Kinder wieder in den Buggy und machen mit ihnen einen Spaziergang am See, es ist sonnig, es ist warm, und wir machen eine überraschende Erfahrung: In Zürich wird man mit Zwillingen noch öfters angequatscht als in Wien, was wir für unmöglich hielten. Denn bekanntlich ist der Zürcher Zwinglianer normalerweise ungefähr hundertmal zurückhaltender als die katholischen und jüdischen Wiener; im Guten wie im Schlechten. So lernen wir ein paar neugierige Zürcherinnen kennen und einen Mops namens Sheila.

Es überrascht mich dagegen nicht, dass die Baby-Fleischgemüsegläschen in Zürich viel grauslicher schmecken als die in Wien. Das entspricht erstens in etwa dem Verhältnis von Zürcher zu Wiener Gastronomie, zweitens werden die Wiener Glaserl geschickterweise so gekocht, dass sie hauptsächlich den Eltern schmecken, weil die das Zeug sonst nicht ihren Kindern kaufen, man muss ja immer probieren, ob das nicht zu heiss ist. Während der Calvinist Entsagung gewohnt ist und sich und seinem Nachwuchs eine Pampe füttert, die schmeckt wie schon mal gegessen, nur mit weniger Würze. Die Mimis zeigen aber Geschmackssicherheit; sie lehnen das Broccoli-Kalbfleisch mit Brüll und Spuck ab und essen in Zürich fortan nur Obstbreie, Obstbreie und Obstbreie und einmal, in einem Restaurant, von meinen Fettuccine mit Bärlauchpesto und Rüebli, die sind aber auch wirklich hervorragend.

Ach ja, und dann sieht Haemmerli die Mimis zum ersten Mal, und die Mimis sehen Haemmerli zum ersten Mal, und siehe da: Haemmerli begegnet den Mimis mit fast zärtlichem Wohlwollen und die Mimis lassen im Gegenzug Haemmerlis schickes seidenschwarzes Shanghai-Jäckchen ungeschoren. Ich finde, das lief sehr gut.

Männer in roten Hosen

Aber nicht nur Haemmerli war in Zürich vom Liebreiz der Mimis angetan. Auch ich. Denn zu Hause bringen mich die kleinen Monster manchmal an Grenzen, von denen ich nicht wusste, dass sie innerhalb meines Systems existieren. Kaum begeben wir uns aber nach anderswo und unter Leute, sind sie ausschließlich zucker. Da ich zu jeder Form von diplomatischer Dezenz nicht neige, sondern vielmehr dazu, den Leuten, wie man in Wien sagt, mit dem Arsch ins Gesicht zu fahren, hätte ich derartige Anwandlungen von meiner Brut nicht erwartet. Sie sind im Beisein von Fremden herzige kleine Schätze, strahlen, flirten, kichern, und sie brüllen höchstens, weil sie wieder mal ein Kunststück versucht haben, das sie nicht beherrschen (zum Beispiel auf einem Bein stehen, was sehr mutig ist für jemanden, der kaum korrekt krabbeln kann) und dabei auf den Hinterkopf knallen.

Zu Kathis Geburtstag im Blauen Saal des „Löwenbräu" hab ich sie dennoch nicht mitgenommen. Denn des Abends sind die Mimis müde und wollen zu fixer Stunde ins Bett gebracht werden, und der Lange und ich tun das verlässlich und gerne, weil wir uns danach ungestört betrinken können; was man sich nach einem Tag mit zwei ständig auf den Kopf fallenden Kindern auch verdient hat.

Offenbar habe ich eine Affinität zu Leuten, die im Frühjahr ihren 40. feiern. Und aus Gründen, die, glaube ich, sentimentaler Natur sind, wünschte Kathi, dass ihre Gäste rote Schuhe trügen. Ich konnte diesem Wunsch nicht entsprechen, da Zehenschlapfen aus Plastik die einzigen roten Schuhe sind, die ich besitze, völlig ungeeignet für einen derartigen Anlass.

Wiewohl ich – und das ist jetzt nichts gegen dich, Kathichen, gell? – dazu tendiere, rote Schuhe für prinzipiell ungeeignet zu halten. Außer in der vorliegenden Frühlingssaison; zudem muss gesagt werden, dass die meisten von Kathis Freundinnen der Anforderung elegant gerecht wurden. (Leider hatten zwei Herren eine originelle Idee und erschienen in knallroten Hosen, kombiniert mit schwarzen Jacketts. Ein Mann sollte nie ein schwarzes Jackett zu einer roten Hose tragen. Eine rote Hose darf ausschließlich im Rahmen eines roten Anzugs getragen werden, das wiederum nur von Elvis in der Las-Vegas-Phase. Und solange Elvis noch tot ist, sind rote Hosen für Männer tabu.)

Aber es war ein wunderbares Fest: Der Alkohol floss in Strömen, das Essen schmeckte, die Gäste waren lustig, die Reden ergreifend. Kathi strahlte, und das Licht fiel warm und weich auf die nicht mehr so jugendlichen Antlitze, Kerim Seiler sei Dank, der hatte das mit der Beleuchtung geregelt. Kerim Seiler ist, falls das wer noch nicht weiß, ein junger Zürcher Künstler, dessen große Zukunft bereits begonnen hat, und er beklagte sich bitterlich, weil er seinen Namen auf meiner Männerliste nicht gefunden hatte. Und ich musste sagen, Darling, das war nicht meine Liste, sondern die vom Fräulein Meier, und Darling sagte, aha?, was für ein Fräulein Meier?, und so viel unverfälschten jugendlichen Egozentrismus fand ich richtig reizend. Darauf stiessen wir dann ein paar Dutzend Mal an.

Auf dem Spielplatz

Mein mütterliches Garderobendilemma wird jetzt durch die Sandkastensaison verschärft: Wir hatten gestern Spielplatzerstkontakt, der Lange, die Mimis und ich. Wobei der Lange und ich feststellen konnten, dass es auf dem Spielplatz nicht so schlimm ist, wie wir uns das vorgestellt hatten; es ist weitaus schlimmer.

Zum Beispiel tragen alle Mütter außer mir grauenhafte Schuhe, bevorzugt diese brechreizfarbenen Freizeitmodelle mit den runden Kuppen, die an allen Frauenbeinen furchtbar aussehen, sogar an ausgesprochenen Turnschuhbeinen. Ich beneide ja seit jeher Frauen, an denen Turnschuhe gut aussehen, weil Turnschuhe an mir immer grrrr aussehen. Jedes Frühjahr erstehe ich mehrere Paare davon, jedes in der Überzeugung, endlich den idealen Turnschuh gefunden zu haben. Ich trage ihn einmal, finde ihn grässlich, er zieht ganz hinten in meinem Schuhschrank zu den anderen idealen Turnschuhen und erblickt das Licht der Welt erst wieder, wenn er irgendwo von irgendwem aus dem Caritas-Sack befreit wird.

Wo war ich? Ach ja, mit Stöckelschläpperli im Sandkasten. Das Kugelkind robbte nämlich verzückt durch den Sand, während das Würfelkind beleidigt auf des Langen Knien saß und es sich verbat, mit Materialien in Berührung gebracht zu werden, die nicht von Menschenhand geschaffen wurden. Gras? Igitt. Sand? Don´t even think about it. Ich befürchte, das Würfelmimi entwickelt eine Anlage zum Snobismus; das hat es nicht von mir. Das Kugelmimi dagegen scheint, das hat es auch nicht von mir, ein Naturkind zu sein, es verzehrte begeistert ein Viertelkilo Dreck und strahlte vertrauensvoll Dreijährige mit fiesen Fressen an, die mit ihren Sandschäufelchen nichts Gutes im Schilde führten. Was das Kugelmimi in seiner Babyblödheit nicht kapierte, weshalb ich mit meinen Schläpperli in bedenklicher Rückenlage hinter ihm durch den Sand stapfen musste, um es vor Schlimmerem zu bewahren.

Was bitte tragen einigermaßen modebewusste Mütter in der Zwischensaison auf einem Spielplatz? Die Schläpperli hatten zwar Stil, waren aber suboptimal. Für Flipflops ist es noch nicht heiss genug, für meine Keilsohlenwildlederstiefelchen ist es schon zu heiss, und das waren nun die idealen Mutterschuhe, da sie mit ihrem ruralen Wildlederlook und ihren gesunden Kreppsohlen bequeme Solidität (und damit ein mütterliches Verantwortungsbewusstsein) verstrahlten, das durch Absatzhöhe (sieben Zentimeter) und Kuppenbreite (kein Zentimeter) aufs ästhetisch Erfreulichste gebrochen wurde. Leider bietet die Frühlingssaison noch nichts Vergleichbares, das macht mir große Sorgen. Auch sonst bieten Spielplätze viel Anlass für Kummer, was den Langen und mich mit einer gewissen Besorgnis in die Zukunft blicken lässt. Es wird am Spielplatz zum Beispiel kein Alkohol ausgeschenkt, beziehungsweise: Es werden, obwohl dort Horden von Menschen sich über Stunden in der Sonne aufhalten müssen, überhaupt keine Erfrischungen angeboten. Und jetzt fragen sich der Lange und ich, wo wir denn eigenlich leben. Weil wo bleibt der böse Kapitalismus, wenn man ihn mal braucht? Hallo?

Frauen-Schicksal

Wir waren zehn Tage bei meinen Eltern, weit draußen auf dem Lande, und danach war ich prächtig erholt, und der Lange war hundert Prozent urlaubsreif. Daran sieht man mal wieder, dass die Dinge zwischen Männern und Frauen, besonders zwischen Müttern und Vätern noch lange nicht so sind, wie ich sie wähnte und schönschrieb, als ich noch jung und neofeministisch war und eine optimistische Ich-kann-alles-Weltsicht pflegte. Damals wäre es mir bestimmt nicht in den Sinn gekommen, dass ich über meine Ferien mal erzählen würde, dass sie für mich deshalb so erholsam waren, weil ich zehn Tage lang nie allein mit den Mimis war, während der Lange mit den Nerven ans Limit gelangte, weil er zehn Tage lang praktisch ununterbrochen mit den Mimis war. Und das ist nun eine so unendlich unspektakuläre Familienlebenserfahrung, dass mir ein bisschen schlecht wird. Für die meisten andern Familien mag das ja so in Ordnung sein – nur haben in denen denen die Mütter nicht 175 feministische Kommentare geschrieben, voller visionären Optimismus und The-Times-They-Are-a-Changing. Ich aber schon.

Andererseits: Dort draußen, auf dem Land, hab ich eine enge Freundin, die hat zwei Kinder mit einem Mann, der sich von Beginn an weigerte, den Kinderwagen zu schieben oder jemals eines der Babys zu wickeln, und seit vier Jahren schläft sie im Kinderzimmer, damit sein Schlaf nicht gestört wird, und der wird nicht zwangspsychiatriert, und die Leute im Ort zeigen auch nicht mit Fingern auf ihn. Das liegt dort alles noch im grünen Bereich. Insofern herrscht da, wo ich wohne, eh bereits der pure matriarchalische Futurismus. Und als ich mich in Gegenwart meiner Freundin und ihrer Freundinnen darüber beklage, dass die Dinge in unserem Haushalt keineswegs so fifty-fifty sind, wie sie im Jahre 2003 zu sein hätten, da schauen die mich an, als hätte ich ihnen gerade vorgeschlagen, dass wir uns jetzt alle LSD einwerfen und zu „Highway to Hell“ nackig durchs Dorf tanzen. Wie ich dann dabei bin, mich stammelnd für meine sagenhafte Undankbarkeit zu entschuldigen, schaltet sich meine andere Gehirnhälfte glücklicherweise doch wieder dazu, und mir wird klar, dass ich durch ein mentales Zeitloch kurz in die Fünfzigerjahre gefallen bin oder so ähnlich. Aber machen Sie mal einen Ausflug in die Fünfzigerjahre und versuchen, den Fünfzigerjahremenschen klarzumachen, dass die Fünfzigerjahre vorbei sind. Genau.

Insofern hat der Lange ja eh einen ganz kräftigen evolutionären Hopser gemacht, der wurde in seiner Provinz ja auch nicht unbedingt zum potenziellen Alleinerzieher erzogen, ich respektiere das schon. Aber jetzt ist es halb neun Uhr früh, und gleich geht er zur Arbeit, und ich geh dann später mit den Mimis auf den Spielplatz oder in einen Gastgarten oder in den Wald, wie gestern, wie morgen, wie übermorgen, und treffe dort die anderen Rudelmütter, deren Männer auch bei der Arbeit sind. Und auch wenn wir eine wirklich gute Zeit miteinander haben – es ist alles wie immer, es ist alles wie überall. Und das kam in meinen optimistischen Visionen irgendwie nicht vor.

AUAAAAA!

Schicke Schuhe, sagt Gruber, neu? Ich sage, danke, ja, der Lange und ich wollten eine Sandkiste für die Mimis kaufen, und jetzt hat der Lange ein Paar neue Adidas, und ich hab die da und noch welche, und die Mimis haben immer noch keine Sandkiste, was schlecht ist, da diese Schuhe und die anderen wieder nicht Spielplatz-kompatibel sind, worüber ich jetzt allerdings kein weiteres Wort verliere, weil mir das mit den Schuhen in der Spielplatz-Kolumne von vorvorvoriger Woche irgendwie peinlich ist, und Gruber sagt, das versteht er gut. Herzlichen Dank, Gruber, sag ich, aber was soll ich machen, ich hab überhaupt kein Hirn mehr, die Mimis haben mir alles rausgelöffelt, ich schaffe es gerade noch, darüber nachzudenken, ob ich den Mimis heute die roten oder die rosaroten Kleidchen anzie…, und Gruber sagt AUAAAAA!!!!, und dann unterbrechen wir die Konversation, und ich erstversorge den bösen Kratzer über Grubers rechtem Auge, den das Kugelmimi ihm mit dem Sandschäufelchen beigebracht hat. Gruber hat das gesamte amerikanische Bombardement im Hotel „Palestine“ in Bagdad ohne eine Beule überstanden, aber nach zehn Minuten mit dem Kugelmimi braucht er einen Arzt: Nach dem vierten Spielplatzbesuch hat das Kugelmimi den martialischen Zusatznutzen des Sandschäufelchens doch noch begriffen.

Ich hab mich noch nicht entschieden, ob ich diese frühe mimische Weltläufigkeit im Aggressiven für begrüssenswert halte. Kürzlich konnte ich beobachten, wie die Mimis gemeinsam gegen ein befreundetes Kind vorgingen, das es gewagt hatte, ihren Bagger zu berühren. Puhh. Während das eine Mimi dem anderen gefahrlos selbst den Schnuller aus dem Maul reißen darf: Sie sind großzügig gegeneinander und von mitleidloser Härte gegenüber Dritten, und ich frage mich: Ist das normal? Oder ist das Private schon im Krabbelalter politisch? Keimt hier ein Nationalismus im Kleinen? Muss ich etwas dagegen unternehmen? Oder ist diese Aggressivität angeboren? Und falls nicht: Woher haben sie das bloß?

Von mir und dem Langen nicht, der Lange und ich sind total tolerant und aggressionsfrei unserer gesamten Umwelt gegenüber, außer vielleicht gegenüber Hundebesitzern. Na ja, und gegenüber Leuten, die einen Schweinsbraten mit Fenchel zubereiten (der Lange), die Norah Jones gut finden (auch der Lange) und BMW-Fahrern (nochmal der Lange). Und, gut, ich hasse Schnäppchenjäger und Leute, die im Tram essen, und geizige Männer finde ich abstoßend, und mit Frauen, die kleine Kinder haben und trotzdem noch über etwas anderes reden können, kann ich derzeit überhaupt nicht, weil solche Gesellschaft meine eigene Verblödetheit überdeutlich herausstreicht – leider bin ich noch nicht verblödet genug, dass mir das nicht mehr auffällt.

Ach, das kommt schon noch, sagt Gruber, mach dir keine Sorgen, dafür sind die Mimis sehr geschmackvoll angezogen und überhaupt ganz süße Mädels, man sollte ihnen nur außerhalb des Spielplatzes die Sandschäufelchen wegnehmen, und ich sage, Gruber, wenn du nicht sofort dieses Grinsen aus dem Gesicht tust, werd ich SO aggressiv.

Alles zugewachsen

Vielleicht ist Sedlacek der falsche Adressat für mein Problem, aber er nickt angeregt, als ich ihm erkläre, dass ich an galoppierender Verblödung leide. Ich bin im Moment einfach unfähig, sage ich, unter jedwede Oberfläche zu gelangen, da wächst sozusagen alles zu, ich versuche es, erkläre ich Sedlacek, jeden Abend nach acht, wenn die Mimis in ihren Träumen verräumt sind, aber jeden Abend falle ich dabei nach fünf Minuten in tiefen Schlaf oder in ein geisteskrankes Fernsehprogramm. Sedlacek nickt.

Dabei wird das Fernsehprogramm, sage ich, gerade in der letzten Zeit so rapide schlechter, dass ich gar nicht wissen möchte, wie supermegamiserabel es noch werden wird, aber das ist eine andere Geschichte, die allerdings leider meine Hirntätigkeit auf unwillkommene Weise sehr beeinträchtigt. Sedlacek nickt. Ich möchte endlich mal wieder etwas Intelligentes denken, sage ich, ich lese auch brav Zeitung und Feuilletons und alles, aber die gesamte Lektüre sinkt irgendwo hinab in die Tiefen meines Bewusstseins, wo ich sie dann nicht mehr erwischen kann. Ich kletter, erkläre ich Sedlacek, sozusagen die Leiter zu den klugen Gedanken runter, aber ich komm nie unten an. Sedlacek nickt.

Zum Beispiel lieg ich, erzähle ich Sedlacek, wie gestern auf der Hollywoodschaukel, es ist ein warmer Abend, Flugzeuge blinken am Himmel, der Lange ist aus, übrigens zum vierten Mal in dieser Woche, was mich ein bisschen ärgert, aber das ist eine andere Geschichte, ich lieg also da und versuche, über einen Kommentar nachzudenken, in dem der NZZ-Korrespondent Charles E. Ritterband im „Standard“ den schweizerischen und österreichischen Umgang mit Pensionsreformen verglichen hat, und sofort bemerke ich, dass in der Lichterkette über mir eine rote Glühbirne kaputt ist, und ich weiß, dass nur noch blaue Glühbirnen da sind, aber ich hasse blaues Licht. Warum?, sagt Sedlacek, genau, sag ich, warum, das hab ich mir auch gedacht, und es ist mir eingefallen, dass ich, wie ich noch sehr jung war, mal blaues Licht in meinem WG-Zimmer hatte, und da kannte ich einen tollen Berliner mit einer Vespa, und der fand das blaue Licht kacke, eh klar, sag ich zu Sedlacek, ist ja eiskalt, und dann fällt mir auf der Hollywoodschaukel ein, dass der tolle Berliner, den ich immer noch gern hab, am Tag davor Geburtstag gehabt hatte, 46 muss der jetzt schon sein, Himmel, also schicke ich dem ein SMS, und danach wird es kühl, und ich werd müde und geh rein und schalt den Fernseher an und sehe mir etwas völlig Geisteskrankes an, bis ich einschlafe.

Sedlacek nickt, er hat offensichtlich begriffen, dass er in dieser Unterhaltung mal nicht der Depp ist, eine Rolle, die er normalerweise freiwillig und gerne übernimmt, da sie ihm erlaubt, nicht nachzudenken und sich fragwürdig zu benehmen. Nein, diesmal ist er, wie ihm eben klar wird, der Coach, und als er sich mit den Ellbogen auf dem Tisch aufstützt und die Fingerspitzen zu einem Giebeldach zusammenlegt, sag ich ihm, dass er mit dem Blödsinn jetzt aufhören kann, was Sedlacek tatsächlich richtig peinlich ist, was nicht oft vorkommt, worauf es mir gleich besser geht.

Biedermanns Erholung

Die Prolongierung des Themenkreises „Verblödung“ erwies sich als nicht Ziel führend. Der Titel lautete „Warum nicht?“, war aber leider schon das Beste an der Sache. Denn der Versuch, die Problematik anhand des Rapports einer neuerlichen Konversation mit Sedlacek zu vertiefen, scheiterte an mehreren Fronten. Erstens entpuppte sich ein Exkurs zu George W. Bush und der österreichischen Regierung als wenig originell. Zweitens nimmt man Sedlacek eine Eignung als Lebensberater einfach nicht ab. Drittens hat besagtes Gespräch niemals stattgefunden; und all die losen Enden der Parabel baumelten so unglaubwürdig herum, dass ich es wegschmiss.

Tatsächlich habe ich Sedlacek seit der letzten Verblödungsunterhaltung nicht wiedergesehen, wir haben nur einmal telefoniert, und das war unerfreulich, da Sedlacek mit überraschender Luzidität einen wunden Punkt erwischte. Denn ich erzählte Sedlacek, dass wir in die Ferien fahren. Wohin? Auf irgendeine kroatische Insel. Wo genau? Weiß ich nicht, der Horvath hat irgendwo ein großes Haus am Meer gemietet. Welcher Horvath? Kennst du nicht, ist einer aus dem Mütterrudel, der Vater vom Schurlibuben, der genau vier Tage älter ist als die Mimis. Und die Lola, die acht Tage jünger ist als die Mimis, fährt mit ihrem Personal auch mit; Familienurlaub. Familienurlaub, sagt Sedlacek, und tut dann etwas Ungewöhnliches, er schweigt etwa 15 Sekunden lang. Dann sagt er, dass ich ganz offensichtlich eine totale Spiesserin geworden bin.

Nun ist Spiessigkeit etwas, das mir in meinem Leben selten vorgeworfen wurde. Eigentlich noch nie. Spiessigkeit betraf immer die anderen: die Wiesnerin mit ihrem Hang zur totalen Versicherung, den Fadinger mit seinem Kuschelhund und dem Häuschen auf dem Land, die Susi, die nach der 78. fröhlichen Affäre plötzlich vom Bedürfnis ergriffen wurde, diesen IT-Spezialisten zu heiraten, Schleier und Schleppe und 170 grauenhafte Verwandte inklusive, was macht die jetzt eigentlich? Unter Spiessigkeitsverdacht bin ich in meinem Leben noch nie geraten, und plötzlich nennt mich Sedlacek, ausgerechnet Sedlacek mit seinem blöden Angeberauto und seinen Prada- und Gucci-Gürtelchen, eine Spiesserin, und das Problem ist, es stimmt.

Das andere Problem ist: In manchen Lebensabschnitten ist es das Zweckmäßigste. Ich weiß das mit Sicherheit, weil wir kürzlich etwas total Unspiessiges gemacht haben, nämlich drei Tage allertrendigsten pipifeinen Wellness-Urlaub in einem todschicken Fünfsterner mit den Mimis. Drei Tage lang haben wir auf moderne Powereltern gemacht, die ihre Kleinkinder mühelos in ihr cooles Hedonistendasein integrieren. Drei Tage lang taten wir, was zwei Erwachsene an so einem Ort voller in den Boden eingelassener Whirlpools und Wasserbetten, wo der Champagner fließt und die gebratenenen Tauben fliegen, halt so machen, wir passten auf, dass die Kinder nicht ersaufen, runterfallen und randalieren. Nach drei Tagen waren wir völlig fertig. Ein erholsamer kleiner Spiesserurlaub kommt jetzt gerade recht.

Happy Birthday to you

Der Laden, in dem es ein Geburtstagsgeschenk für den Langen gibt, macht selbstverständlich erst um 13 Uhr auf. Es ist elf. Morgen früh fahren wir in unsere verdienten Spiesserferien, überübermorgen hat der Lange Geburtstag, ich brauch das Geschenk also sofort, muss aber dringend einen Babyschwimmreifen für die Mimis besorgen, etwas schreiben und für mich eine Urlaubshose finden, die keinen dicken Hintern macht, was insofern schwierig als mein Hintern gerade ein bisschen, wie soll ich sagen, dick ist. Allerdings hat auch Jennifer Lopez in ihrem grauenhaften neuen Video, in dem sie auf Jennifer Beals macht, einen dicken Hintern. Einen sehr dicken. Das ist gut und gerecht, leider aber auch total egal, weil Jennifer Lopez erwiesenermaßen eine Dumpfgurke ist, die nach „Out of Sight" jegliche Sympathie verwirkt hat, Ben Affleck hin oder her. Wie kann eine Frau, die in „Out of Sight" mit einer derart fesselnden Eleganz agierte, nach „Out of Sight" in rosa Frotteestrampelanzügen Kinder-Hip-Hop piepsen?

Und selbstverständlich liegt der Laden, in dem es ein Geburtstagsgeschenk für den Langen gibt, in einer Gegend, die weder Literaten-Cafés (das war jetzt im Fall ein Witz) noch Babyschwimmreifen, noch coole Hosen aufweist, es gibt hier außer einem Erotik-Supermarkt, einem Gebrauchtwarenhändler und ein paar Asienmärkten überhaupt nicht viel, und ins „Espresso Top Gun" will ich mich mit meinem Laptop aus vielerlei Gründen nicht setzen.

Der Versuch, für den Langen ein Geschenk zu finden, gerät wie jedes Jahr zur Odyssee. Die meisten Gaben lösen im Langen ungefähr dieselbe Begeisterung aus wie der Beginn der Spargelsaison. Es hilft wenig, dass ich nicht zu den Leuten gehöre – Leuten wie meine Zürcher Freundin Kathi, wie meine kleinen Schwestern -, die ein fantastisches, untrügliches Gefühl für das passende Geschenk zur richtigen Zeit haben. Meine Geschenke sind fast immer peinlich; vermutlich ein angeborenes Einfühlungsvermögensdefizit. Und der Lange hat immer schon alle wichtigen und guten Bücher (inklusive Kochbücher und Nachschlagewerke), alle Platten und CDs sowieso, er mag keine Fun-Tools, er hat weder zu Auto- noch zu Handyzubehör ein libidinöses Verhältnis, er interessiert sich nicht für Design, und Mode ist nach des Langen Ansicht etwas für Weiber, Schwule und Sedlacek.

Es ist also nicht leicht, dem Langen etwas Gutes zu tun, und die Sache wird dadurch, dass wir gestern heftig gestritten haben, nicht besser. Ein typisches Mama-und-Papa-gehen-sich-total-auf-den-Geist-Ding. Spitzenmäßig geeignet, um in eine umfassende Geburtstagsgeschenksbesorgungseuphorie zu verfallen und zwei Stunden lang vor einem blöden, geschlossenen Laden rumzustehen, hinter dessen Tür dieses eine passende Ding voller Stil, Charme, Eleganz und Einzigartigkeit liegt, eines von hundert Dingen, mit denen man dem Langen eine Freude machen kann. Die anderen 99 befinden sich in einem Third-Hand-Soul-Plattenladen in Memphis, Tennessee. Erwähnte ich, dass es regnet? Und, nein, ich sag nicht, was es ist. Ist am Ende wahrscheinlich sowieso wieder was total Peinliches.

Alles bleibt anders

Nichts ist mehr, wie es war. Zum Beispiel ist mein Arbeitsplatz weg. Will ich heute früh wieder dem Broterwerb nachgehen, ist mein Schreib-Café geschlossen, zu, weg, gibts nicht mehr. Konkurs oder was weiß ich, jedenfalls kommt es mir ungelegen und teuer, da der Weg zu meinem Ersatzarbeitsplatz an vielen Kleiderläden vorbeiführt, was mich den Gegenwert dieser und der nächsten Kolumne kostet, unter anderem für ein süßes, kleines Designer-Kühltascherl und eine schneeweiße Kaputzenjacke, über die sich die Mimis kariert lachen werden.

In dem anderen Café, in dem ich schon lang nicht mehr war, sind sie dann so überraschend unfreundlich, dass ich dort lange nicht mehr sein werde. Das könnte eventuell damit zu tun haben, dass das Lokal bei unserem letzten Besuch von den Mimis in Teile zerkleinert und dann knöcheltief voll gespuckt wurde. Ein modernes Bar-Restaurant muss so was allerdings aushalten, schließlich besteht seine Hauptklientel aus hippen, kaufkräftigen Postdreißigern wie mir (die, nebenbei erwähnt, prächtige Trinkgelder geben), und solche Kunden kriegt man ab einem bestimmten Zeitpunkt halt fast unweigerlich nur noch mit Nachwuchs. Und wenn der nicht mit äußerster Zuvorkommenheit behandelt wird, geben wir unser Geld gerne woanders aus. Also immer nett zu den Kleinen sein, werte Gastronomen.

Aber es ist sowieso nichts mehr wie früher. Kroatien zum Beispiel, das mir von meinem Friseur in einem flammenden Bloß-nicht-hinfahren!-Appell als Hausmeisterhölle in realsozialistischem Betonchic beschrieben wurde, erwies sich als reizender Ort, jedenfalls da, wo wir waren. Aber Haemmerli hat es ja immer schon gesagt. Bloß hab ich dem nicht geglaubt, weil Haemmerli in seiner unendlichen Xenophilie den Postkommunismus unendlich charmant findet. Als Schweizer tut man sich da allerdings leichter, schließlich war man als Schweizer vom Kommunismus ja immer weit entfernt und urlaubte sowieso in Italien. Während Wien vom Ostblock umzingelt und von sozialistischem Gedankengut nie ganz unbeleckt war, dankenswerterweise, wenn man jetzt mal die Mietpreise von Wien mit denen von Zürich vergleicht. Es gibt in Wien noch heute die Karl-Marx-Höfe, eine derartige Namensgebung wagen sie ja nicht mal mehr in Mecklenburg-Vorpommern. Passend dazu fuhr der Wiener immer schon nach Kroatien ans Meer, briet dort seinen Bierbauch in der Sonne, bebrüllte und ohrfeigte den Nachwuchs, schickte die Frau Bier holen und verzehrte abends tonnenweise gegrilltes Fleisch, so haben es sich der Lange und ich jedenfalls vorgestellt und wären dorthin nie freiwillig gefahren.

Leider hat sich jetzt, da wir eigenen Nachwuchs zum Ohrfeigen haben, die Auswahl an Urlaubsorten stark eingeschränkt, jedenfalls vorläufig. Nun sitzen wir also samt Mimis am Meer, alles ist strahlend blau, außer den bunten Tüchern um die Mimiköpfe und den Eimerchen, aus denen die Mimis begeistert Steine ins Meer schütten. Eine reizende Ferienidylle, ein herrliches Familienfoto; allerdings ist Mutter nicht im Bild, die daneben hockt und das 5347. Eimerchen füllt, und wieder nicht mit Gin Tonic. Es ist nichts mehr, wie es war.

Ich bin alt

Zum ersten Mal seit zwei Jahren bin ich wieder an einem Rockkonzert, und schon nach zwei Minuten hab ich eine Erkenntnis: Ich bin alt. Nicht relativ alt, sondern richtig alt in dem Sinn, dass 95 Prozent der anderen Leute hier mindestens 20 Jahre jünger, also in einem Alter sind, in dem sie meine Kinder sein könnten. Wann hat dieser deprimierende Lebensabschnitt angefangen? Es kann noch nicht so lange her sein, aber ich habs nicht richtig bemerkt, weil ich für gewöhnlich Situationen vermeide, in denen mich die Konfrontation mit der Tatsache, dass die nächste Generation schon alle Kenntnisse und Fähigkeiten erworben hat, durch die ich mir meine Daseinsberechtigung zusammenphilosophiert habe, in präsenile Angstzustände versetzt.

In Kroatien zum Beispiel, in unserem gemieteten Haus am Strand, hach, was waren wir da für eine coole Truppe. Jungfamilien im besten Alter, so eine hippieho Ferienkommune, Sie wissen schon; alle Eltern um die vierzig, alle Kinder zwischen eins und drei, die Autos vor dem Haus protzfrei, aber nicht klapprig. Die Babys sind unkompliziert, fröhlich und zum Anbeissen, die Frauen machen im „The Beach"-Look (ein Streifen, der die Filmgeschichte kaum, die Bademode dagegen radikal beeinflusste) Ferien von Angeberberufen, die Männer tragen Flipflops, Kargohosen und Altherrenstrohhüten. Alle Großen sind sonnig braun, alle Kleinen sunblockerrosa, alles total mellow, alle voll easy, und am Abend, wenn die Kinder friedlich schlafen, zaubert irgendwer ein einfaches, aber schmackhaftes mediterranes Rosmarin-Gericht auf den Tisch, man sitzt unter Olivenbäumen, schaut aufs Meer, trinkt schönen Rotwein und führt tiefsinnigste Gespräche.

Natürlich stimmt es so nicht hundertprozentig, nicht im Detail jedenfalls, weil zum Beispiel immer mindestens ein Kind beim Schlafengehen furchtbare Mucken macht, weshalb das Rosmarin-Huhn in der Kasserolle vertrocknet, und die Männer haben immer Sonnenbrand, weil sie Sonnencrème für Weiberpipapo halten, und immer ist eine der Mütter ein bisschen zickig und überprotektiv, und immer schmeisst einer der Väter nach einer Woche unter Kindern die Nerven weg und so weiter, aber Sie verstehen schon, worauf ich ungefähr hinaus will oder? Auf ein Bild für die Möglichkeit coolen, entspannten, würdevollen Alterns. Wenigstens in den Ferien.

Beim Queens-of-the-Stone-Age-Konzert passt dann nichts mehr in dieses Bild. Ich bin unter zweitausend Menschen ungefähr die Einzige, die an den Füßen etwas trägt, das die Bezeichnung Schuhe verdient, also peinlichst overdressed. Fast alle könnten meine Kinder sein. Und statt wie früher, als ich noch Rock 'n' Roll war, vorne bei den Boxen zu stehen, wo die Bässe im Bauch wummern und die Bierbecher fliegen, stehe ich ganz hinten, beim Mischpult; in Sicherheit. Ich bin alt. Aber dann tauchen Blumenau und Manfred und Walli und noch ein paar alte Spezis auf, und die Queens legen los und sind großartig, ich hupf im Stand und brülle heeee und hurra und schütte mich vor Begeisterung mit Bier an. Es ist total würdelos und total uncool, und es ist, das ist die zweite Erkenntnis dieses Abends, total egal.

Live aus der Hölle

Der Lange ist angefressen, und zwar ziemlich, und bevor Sie sich für ihn freuen, gebe ich bekannt, dass „angefressen" in Wien etwas anderes bedeutet als in der Schweiz, nämlich das Gegenteil. Der Lange ist stinkig. „Danke, dass du wenigstens nicht schreibst, ich sei rechtsradikal", meldet der Lange in einem SMS auf dem Weg zur Arbeit, und ich smse „Was?!", und er smst, dass er die Geburtstagsgeschenkkolumne gelesen hat, und ich smse, ob irgendwas, das da drinsteht, nicht der Wahrheit entspricht?, und der Lange smst erst mal nichts mehr. Dabei hab ich in der inkriminierten Kolumne nicht mal die Geschichte erzählt, wie ich dem Langen 1998 ein Handy zum Geburtstag geschenkt habe. Damals hatten – das muss man sich erst wieder in Erinnerung rufen – die meisten Leute noch kein Handy, und der Lange wollte auch keins, weil nur analfixierte Vollpfeifen unbedingt auf der Straße telefonieren müssen, und hast du bitte die Deppen gesehen, die auf dieser winzigen Tastatur Nachrichten tippen und an andere Deppen verschicken?

Aber ich bin bereit, hier mal zu lobend anzuerkennen, dass der Lange nach einem Tag harter Arbeit in einem glutheißen Büro in das glutheisse Tram steigt und zu uns in die Hölle kommt. Das ist Tapferkeit. Dabei ist das Kongressbad eigentlich ein schönes Bad, von den Sozialdemokraten zu einer Zeit errichtet, als sie noch Sozialisten hiessen und dem Volke wohl tun wollten, und das Schönste ist das rot und weiß lackierte Buffet, das wie die Gloriette in Schönbrunn oben auf einem Hügel thront. Man hat dort über ein kühles Bier hinweg eine befriedigende Aussicht auf Körper, von denen nicht einer hübscher ist als der eigene. Genau dort sind wir nicht mehr.

Wir sind jetzt hinter den hohen Bäumen, wo das große Plantschbecken fließt, an dessen Ufern ungefähr 500 Kinder, 250 Mütter und 11 Väter weiden. Die Kinder finden es toll. Die Mütter… Ziemlich viele von ihnen werden mir zustimmen, wenn ich behaupte, dass das Prinzip Freizeit völlig überbewertet und zu Unrecht glorifiziert wird, und zwar von Leuten, die zu wenig davon haben und deshalb glauben, man könne nicht genug davon kriegen. Ich aber sage: Narren, ihr irrt. Freizeit verliert völlig ihren Reiz, wenn sie einem nicht durch wenigstens kleine Portionen von Arbeit versaut wird. Wobei ich unter Arbeit etwas verstehe, für das man in Stöckelschuhen, Anzug und Bluse das Haus verlässt, um an einem Ort voller Computer, Hülsta-Regale und Nachschlagewerke kluge Dinge zu denken, die dann in etwas gesellschaftlich Relevantes und vor allem Angesehenes verwandelt werden. Man unterhält sich an diesem Ort ausschließlich mit Erwachsenen, und zwar über die Arbeit und über die Erfahrungen mit Haubenlokalen, Tagesrandflügen und Triband-Handys. Und hin und wieder tauscht man zwei, drei Sätze über den Zustand der Kinder aus, aber mehr nicht.

Sagen Sie nichts: Ich weiß, dass ich halluziniere. Ich kann nichts dafür. Das liegt an der Hitze und an dem ohrenbetäubenden Gebrüll auf der Wiese hier. Verschafft mir ein kühles, kinderfreies Büro voller Computer, Hülsta-Regale und Erwachsenengespräche, und ich denke euch was Relevanteres. Ich schwörs.

Wie weiland die Oskars

Ich hab Ihnen schon erzählt, dass das Würfelmimi eine dramatische Ader hat und darf jetzt nachreichen: Je älter es wird, desto weniger wird das weniger. Sondern im Gegenteil. Und es verstärkt sich zusehends des Würfelchens Neigung zum tragischen Fach. Das Würferl liebt die Tragödie, und die Tragödie liebt das Publikum, und davon gibt es auf der Kinderwiese im Kongressbad reichlich.

Zu Hause oder im Kreis der Rudelmütter verschwendet das Würfelchen seine Gaben kaum mehr, da man sein Talent dort offensichtlich nicht zu schätzen weiß und ihm zunehmend mit Ignoranz begegnet. Deswegen verlegt das Würferl sein Wirken jetzt mehr in die Öffentlichkeit, und als ich den Mimis auf der Kongressbad-Kinderwiese nach einem nahrhaften Lunch erkläre, dass jetzt geschlafen wird, ist das Kugerl soweit einverstanden und klappt im Kinderwagen alsbald die Augen zu.

Das Würferl dagegen reagiert auf diesen Eingriff in seine Autonomie etwa mit jener Demut, mit der einst Oskar Werner selig auf die Idee, ihn in einer Nebenrolle zu besetzen, reagierte; kleine Kinder kommen gelaufen, um nachzuschauen, was in diesem Buggy da abgeht. Ich mach währenddessen, was ich in so einer Situation immer mach, ich nutze meine Vorteile im täglichen Kampf um die pädagogische Hegemonie in meiner Familie, liege also in einer nervenschonenden Distanz auf einer waagrechten Ebene und lese das Feuilleton der FAZ.

Das ist insofern gelogen, als ich in Wahrheit die „Gala" lese und mich angesichts eines Fotos von Flavio Briatore, der Heidi Klum umfasst, ordentlich grause. Das Würfelchen singt unterdessen einen Alanis-Morrisette-Song, den ich bislang noch nicht kannte. Ich diskutiere mit den Rudelmüttern, wie man bloß nach Antony Kiedis mit Flavio Briatore und so weiter; das Würferl intensiviert seine kleine vokale Protestnote nach Vorbild von Oskarchen aus der „Blechtrommel" – nicht gerade, dass Glas springt, aber es flattern einem, und das ist die reine, bei Bob Dylan geschworene Wahrheit, die Trommelfelle. Als das Mütterrudel gerade bespricht, wer mit Eisholen dran ist, sehe ich zufällig mal hoch und muss feststellen, dass mich rundherum zehn bis fünfzehn fremde Mütter anstarren, während sie – sofern er dafür noch handlich und wehrlos genug ist – demonstrativ ihren Nachwuchs kosen und küssen, um den ohrenscheinlichen Unterschied zwischen einer guten und einer sehrsehrsehrsehr schlechten Mutter auch visuell schön herauszuarbeiten.

Sie kennen mich, Leserschaft. So leicht bin ich nicht zu erschüttern. Ich bin eine Kämpferin. Wenn ich mal von was überzeugt bin, dann ziehe ich das auch durch, komme, was wolle, aber dem moralischen Druck von einem Dutzend guter Mütter halte ich nicht stand. Ich nehme das Würfelchen aus seinem Wagen raus, und es schnieft noch ein bisserl, lächelt dann tapfer und würde dem Publikum Kusshände zuwerfen, wenn es das schon könnte. Und ich kose und küsse und tröste es demonstrativ, obwohl mir durchaus auch was anderes einfallen würde, aber das ist gesetzlich verboten.

Der Proll-Ausweis

Nur damit hier keine Missverständnisse aufkommen: Die Kinderwiese des Kongressbades, wo ich sommers sozusagen wohne, ist keine Aussenstelle der pädagogischen Fakultät. Und die Aussicht ist, verglichen mit jener in der Zürcher Badi Enge, in jeder Hinsicht und Richtung unterdurchschnittlich. Und im Unterschied etwa zur Badi Tiefenbrunnen sind die Männer nicht freiwillig hier. Und auf der Kinderwiese wird beispielsweise die „Süddeutsche" eher nur sehr sporadisch gelesen. Und es gibt hier Zwölfjährige mit größeren Brüsten als ich, was nicht weiter bemerkenswert wäre, würde es sich um weibliche Zwölfjährige handeln. Und es haben fast alle Erwachsenen fesche Tätowierungen. Das gilt in dieser Gegend sozusagen als Prollausweis, den man immer gut sichtbar mit sich führt, nur für den Fall, dass trotz Plateausohlen und/oder Wasserstoffperoxid-Marines-Look noch Zweifel an der Zugehörigkeit zur Talkshow-Society gehegt werden.

Wie kommt man nur auf die Idee, sich derartige Scheusslichkeiten unter die Haut stechen zu lassen? Bei den Damen bevorzugt an Körperstellen, die man nicht mal unverzierterweise unbedeckt sehen möchte, die allerdings bei ihren Besitzerinnen einen umso ununterdrückbareren Zeigezwang auszulösen scheinen, je grauslicher verstochen sie sind? Was bringt einen nur dazu, si… Was? Was ist denn? Was wollen Sie? Seien Sie doch ruhig, ich arbeite hi… Jaja, ist ja gut, ich wollte sofort darauf kommen. Ich schreibs eh gleich her, hier, es steht ja praktisch schon da, dass ich eine Tätowierung am linken Oberarm habe, sind Sie jetzt zufrieden? Ich möchte aber bitte betonen, dass das bei mir was ganz anderes ist. Das ist bitte schön Punk, zumindest Post-Punk. Das sieht man Ihrer Meinung nach nicht? Sicher sieht man das! Aber Sie haben Recht, vielleicht sollte ich eine kurze Erklärung darunter tätowieren lassen, so was in der Art von DIESE TÄTOWIERUNG IST, NUR DAMIT DAS KLAR IST, FAST ZWANZIG JAHRE ALT, DAMALS WAR, DAMIT SIES WISSEN, NOCH NIEMAND TÄTOWIERT, NUR DIE PUNKS, EIN PAAR KNACKIS UND, NA GUT, ALLE ENGLÄNDER, ABER DAS HIER ENTSPRINGT JEDENFALLS EINER PUNKATTITÜDE UND DRÜCKTE EINE ENTSCHIEDENE VERWEIGERUNGSHALTUNG GEGENÜBER EINER DAMALS NOCH WEIT UNIFORMEREN GESELLSCHAFT AUS. DAS HAT MIT DEM ÜBLICHEN PROLLGESUDEL NICHTS GEMEIN, GELL? IM ÜBRIGEN WERDE ICH OBIGE TÄTOWIERUNG ABER SOWIESO DEMNÄCHST ENTFERNEN LASSEN, DA ICH NICHT NOCH EIN ZWEITES MAL VON EINEM TALKSHOW-HEADHUNTER ANGESPROCHEN UND MIT EINEM GRATISTICKET FÜR DIE PUBLIKUMSREIHEN BEGLÜCKT WERDEN MÖCHTE, HERRGOTT NOCHMAL. DIE KOMMT WEG, AUCH WEIL HEUTZUTAGE JA DIE ENTFERNUNG EINER TÄTOWIERUNG QUASI ALS GESELLSCHAFTLICHE ABGRENZUNGSHANDLUNG GESEHEN WERDEN MUSS, QUASI IM GENAUEN GEGENSATZ ZU FRÜHER. Allerdings würde ich mir für diese Botschaft den Arm verlängern lassen müssen, es ist also praktikabler, das blöde Ding weglasern zu lassen, was mich auf ein anderes Thema bringt, weil ich vor zwei oder drei Jahren in diesem „Magazin" doch mal geschrieben habe, dass ich Schönheitsoperationen eher positiv gegenüberstehe. Wo ich heute sagen muss, das war eher Quatsch.

Neue Nasen bitte auch

Weil ich ja vergangene Woche davon angefangen habe: Ich habe meine Einstellung zur Schönheitschirurgie geändert und bin jetzt dagegen. Erstens deshalb, weil man allmählich ständig mit den Ergebnissen konfrontiert wird. Überall begegnet man Frauen und Männern mit mehr oder weniger unbeweglichen Grinsgesichtern, mit gruselig straffer Haut auf den Knochen, mit viel zu großen Brüsten sowieso. Das sieht krank aus, und viel zu viele sehen schon so krank aus. Nicht zufällig hat die „Kronenzeitung" schon seit einiger Zeit eine regelmäßige Kolumne, in der eine Schönheitschirurgin operationswillige Österreicherinnen und Österreicher berät, was bedeutet, dass Schönheitschirurgie längst zu einem mehrheitsfähigen Massenphänomen geworden ist, weil man nicht die größte Zeitung der Welt wird, wenn man sich um die Sorgen von Minoritäten kümmert. So wie es aussieht, wird Untätigkeit bezüglich des eigenen altersbedingten Welkens in absehbarer Zeit als Zeichen für Verwahrlosung gelten, ungefähr so wie heutzutage schiefe und unschöne Zähne.

Zweitens stellt sich mir gerade derzeit die Frage, ab wann denn etwas eine Schönheitsoperation ist: Die Mimis haben nämlich abstehende Ohren. Und praktisch jeder nimmt an, dass ich den Mimis diese Ohren zum ehest möglichen Zeitpunkt werde anlegen lassen, sie also mit – ich weiß nicht genau – vier oder fünf Jahren dem Grauen einer Operation aussetze, für die keinerlei medizinische Notwendigkeit besteht. Denn so weit ich weiß, gibt es aus ärztlicher Sicht keine Einwände gegen abstehende Ohren, sie tun nicht weh, sie behindern nicht, sie sind auch kein unzumutbarer Makel. Finde ich; die

Mehrheit findet das offensichtlich nicht. Und so ist das einzige Problem an abstehenden Ohren, dass alle anderen keine haben, weshalb für Kinder als psychische Folter gilt, welche zu haben, da das offensichtlich so nicht dem vorgeschriebenen Schönheitsideal entspricht, was schrecklichste Traumata zur Folge hat und so weiter. Wo ich sage: Aha. Wenn das so ist, kann ich ihnen im Zuge des Ohrenanlegenlassens ja gleich auch neue Nasen machen lassen, denn die entsprechen, wie ich befürchte, ebenfalls nicht westlichen Standards.

Nein, an meinen Mimis wird, wenn es nicht sein muss, nicht herumgedoktert. Sollten sie später, wenn ihr Verstand mal einigermaßen ausgebildet ist, ihre Ohren so nicht mehr wollen, dann steht es ihnen frei, etwas dagegen zu unternehmen, und ich werde sie, wenn nötig, unterstützen. Aber ich finde nicht, dass es mir zusteht, diese Entscheidung für sie zu treffen. Und weil wir gerade beim sinnlosen Operieren sind: Ich frage mich auch, warum es gesellschaftlich nicht geächtet ist, wenige Monate alten Mädchen vorsätzliche Verletzungen zuzufügen, für die ebenfalls keinerlei medizinische Notwendigkeit besteht – ihnen die Ohrläppchen zu löchern und zu pfählen. Ich halte das für Kindsmisshandlung. Das gehört verboten.

Guten Tag, guten Tag

John trägt eine eindeutig neue weiße Hose, darüber einen breiten militärgrünen Gürtel. Das sieht hübsch aus, Johnniiiie!, brülle ich gegen die Musik an, ich muss dir allerdings sagen, es wirkt ein wenig schwul! John lächelt müde. Wie jede erwachsene Frau, die etwas auf sich hält, habe ich einen schwulen Freund, meiner hat heute Geburtstag, eine Zahl über 40, über die John nicht sprechen will.

Selbstverständlich sind mehr als 80 Prozent der Eingeladenen Männer und davon mehr als 60 Prozent unter 25. Während bei den Heteros momentan Beziehungen zwischen älteren Frauen und jungen Männern total en vogue sind, lässt es sich bei Schwulen nicht sagen, ob dort der Trend eher dahingeht, dass die Jugend sich mit den Erfahrungen des Alters etwas Weisheit umhängt, oder die Alten sich bei der Jugend tüchtig unbeschwerte Lebensfreude abholen. Aber wenn John sich, wie jeder erwachsene Schwule, der was auf sich hält, mit viel frischer fröhlicher Jugend umgibt, sieht er sich selbstverständlich eher als männliche Demi Moore, denn als schwuler Flavio Briatore.

John hat mir bei unserem letzten Mädelsabend mit einem stolzen Grinsen erzählt, dass kürzlich einer seiner jugendlichen Liebhaber angesichts von Johns Waschbrettbauch – der für sein Alter wirklich boah ist – überraschend mit Erektionsstörungen zu kämpfen hatte. Das beeindruckt mich ehrlich, allerdings wage ich zu behaupten, dass auch bei mir ein Liebhaber (was ich nicht habe) unter 25 (was ich nicht habe) beim Sex (was ich kaum habe) ein Problem bekommen würde, allerdings weniger wegen der Dellen im Bauch, sondern wegen jener an den Schenkeln (was ich … ach, das interessiert doch sowieso niemanden).

Auch dieses Exempel zeigt mal wieder den tiefen Graben, der Leute ohne Kinder von Leuten mit Kindern trennt. Was Leuten ohne Kinder ziemlich wurscht ist, weil die Kinderlosen auf die Bekinderten meistens eh nicht so scharf sind. Während die Bekinderten, wie ich jetzt sicher weiß, mit den Normalen unbedingt zu tun haben wollen, so nach dem Motto der putzigen Berliner Band „Wir sind Helden“: Guten Tag, guten Tag, ich will mein Leben zurück; die Kinder sind halt jetzt auch dabei, ok?

Deshalb bringe ich die Mimis, die gerne zwischen fremden Haxen rumkrabbeln, mit zu Johns Party, die am Samstag schon nachmittags in einer Bar beginnt. Was ich für einen echt feinen Zug von John gegenüber seinen fortgepflanzten Freundinnen halte, was leider ein Missverständnis ist. Um fünf nach fünf lobe ich Johns Hose, um sieben nach fünf fische ich dem Kugelmimi eine Scherbe aus dem Mund, um acht nach fünf fällt ein Barhocker auf das Würfelmimi, bis elf nach fünf tröste ich es, um zwölf nach fünf brülle ich in Johns Ohr, ob die Musik in dieser Lautstärke bleiben wird, und John schreit zurück, nein, nein, es werde glücklicherweise bald noch viel, viel lauter!, um viertel nach fünf verabschieden wir uns, was John, der die Mimis sssssoo! ssssüsss! findet, sehr bedauert. Ich würde ihm gern was über den Graben erzählen, aber es ist zu laut.

Große Mädchen allein zuhaus

Irgendwas wollte ich noch erzählen … ach ja, wegen dieser Kindersache, also diesem Graben, der da zwischen Leuten mit und Leuten ohne Kindern verläuft, und wo man quasi auf der kinderlosen Seite fast immer auf der besseren ist. Manchmal aber nicht.

Der Lange ist im Ausgang und vergnügt sich mit anderen alten Säcken auf einem Alte-Säcke-Konzert, bei Turbonegro oder Suicide oder was weiß ich. Also lad ich mir meine kinderfreien Freundinnen Lotte und Manu ein, wir machen ein bisschen Schabernack mit den Mimis, essen beziehungsweise werfen Spaghetti, und dann gehen die kleinen Mädchen schlafen, damit die großen Mädchen ungestört Wein trinken und Große-Mädchen-Sachen besprechen können. Komplizierte Große-Mädchen-Sachen, wie sich zeigt.

Denn Lotte und Manu sind ordentlich große Mädchen, jenseits der 33 nämlich, wenn auch, da kinderlos, sehr gut erhalten, weil sie zum Beispiel ungefähr jenes Ausmaß an Zeit, das ich damit verbringe, die Popos meiner Babys zu wischen, dafür aufwenden, die ihrigen zu trainieren, und so schauen die auch aus; gut, sehr gut schauen die aus. Aber 20 sind Lotte und Manu auch nicht mehr, und das ist zirka 23 Stunden und 59 Minuten am Tag ein absolut erfreulicher Umstand, außer in jenem Augenblick, in dem Lotte' und Manus Lebensabschnittspartner, die jahrüber brav braven Berufen nachgehen, beschließen, dass man jetzt unbedingt mal Ferien auf Ibiza machen muss, um dort tüchtig Drogen zu konsumieren und die Nächte wegzutanzen. Das halten Lotte und Manu für eine absolut unterirdische Proletenidee.

Aber eben. 33 plus. Und die Mädels auf Ibiza: 25 minus, minus Textilien. Und die mit den Partnern absolvierten Lebensabschnitte 6 beziehungsweise 8 plus, also schon so lange, dass eine gewisse Post-Ibiza-Urlaubsstabilität zwar einigermaßen garantiert ist, aber eben auch schon lange genug, um gewisse Standort-, Drogen- und vernachlässigungsbedingte Außerehelichkeiten nicht hundertprozentig ausschließen zu können. Oder wie Lotte in ihrer offenen und von Illusionen unbeleckten Art sagt: Wenn wir da nicht mitfahren und aufpassen, dann pudern die da rum, da verwette ich meine Manolos drauf. Und auch Manu ist sich sehr sicher, dass den Herren Schatzis, denen bald, beziehungsweise sehr bald, die große 4 ins Zählwerk rattert, eine gewisse Treulosigkeit schon zustoßen könnte.

Aber schon die Idee, zwei Wochen lang hinter demütigenden Schirmchencocktails an Disco-Tresen zu picken und auf die alten Säcke aufzupassen, die im Extasy-Rausch hinter Partygirls hertänzeln, finden Lotte und Manu entwürdigend. Aber wenn sie es nicht tun … Man ist zwar ein großes Mädchen, aber nicht unbedingt ein gelassenes. Und während also die alten Säcke allein auf Ibiza Drogen nähmen, um zu vergessen, dass sie alte Säcke sind, müssten Lotte und Manu allein zu Hause Drogen nehmen, um zu vergessen, was die alten Säcke grad vergessen und so weiter. Das ist alles keine schöne Geschichte, in der insgesamt auch viel zu viele Suchtmittel vorkommen, und das Problem hat einen einzigen positiven Aspekt, dass ich es gerade nicht habe, danke Mimis.

Schau mal, wer da spricht

Endlich hat mich Haemmerli mal wieder angerufen, nach Wochen, nach Monaten, und natürlich haben beide Mimis direkt einen derartigen Terror gemacht, sodass ich schließlich gesagt habe, Haemmerli, in einer Stunde sind die Gören im Bett, wäre es okay, wenn ich dich danach anrufe? Haemmerli hat gesagt: sicher. Trotzdem ist es mir peinlich, weil Haemmerli sich natürlich denken muss, eben, darum ruf ich die Knecht so sau ungern an, weil, wenn man die Knecht anruft, geht ja doch nie die Knecht ran, sondern immer Mimimama, und mit der kann man sich überhaupt nicht mehr unterhalten, die ist ja doch nie bei der Sache.

Ganz bestimmt denkt sich Haemmerli das. Andererseits muss ich sagen: Bei mir ist zum Glück Haemmerli dran, mein Freund Haemmerli. Es könnte auch wer anderer dran sein. Eine ehemalige Kollegin, die jetzt ein Zeitungswirtschaftsressort leitet, ist nebenbei auch noch allein erziehende Mutter zweier kleiner Kinder. Deshalb arbeitet sie hin und wieder einen Nachmittag lang von zu Hause aus. Die hat mir erzählt, wie sie an so einem Nachmittag endlich einen irgendwie in einen Skandal verwickelten und sich deshalb stark zierenden Wirtschaftsmagnaten für ein Interview ans Telefon gekriegt hat, jjja!!!, und wie sie mitten dabei ist, dem Magnaten hoch professionell superexklusive Dings und Bums aus der Nase zu ziehen, geht es plötzlich nebenan los, MAMIIIIII! POPSCH WISCHEEEEEN! MAMIIIIII!, und Mami versucht, so zu tun, als wär sie eine ganz normale toughe Wirtschaftsreporterin in einer coolen Wirtschaftsredaktion, und das Kind brüllt und brüllt POPSCHWISCHENMAMIMAAAAAMI!, und dann sagt der Magnat, liebe Dame, ich glaub, Sie werden grad sehr dringend gebraucht, sollen wir nicht in ein paar Minuten nochmal telefonieren? Und der Kerl sagt das nett, und es ist ja auch nett, vor allem, dass er nochmal zur Verfügung steht, aber leider zwingt es Mami, nachdem sie ihre Mamimission beendet hat, dankbar und also auch irgendwie nett zu sein, was hinderlich ist, wenn man gerade beinhart einen Skandal aufdecken muss.

Wie gesagt: Bei mir ist zum Glück Haemmerli dran. Und Haemmerli würde mir gern erzählen, dass es ihm gut geht, weil der Sommer in Zürich jetzt schon mehr als sechs Tage dauert, und weil es gut läuft bei ihm mit dem Arbeiten und dem Renitentsein, was Haemmerli ja schon seit einiger Zeit nicht mehr nur als Amateur – und ich meine Amateur im positiven, französischen Sinn – sondern als Vereinspräsident macht, und professioneller kann man in der Schweiz ja sozusagen nicht renitent sein. Haemmerli würde mir was über die Zürcher Verhältnisse und die Zürcher Polizeivorsteherin erzählen, er würde mir erklären, was das eine mit dem anderen zu tun hat und warum es ist wie es ist, und warum man unbedingt gegen die Intiative für frühere Sperrstunden sein muss, was ich sowieso bin, außer es handelt sich um meine, denn jetzt gehen die Mimis sofort ins Bett, und dann hat Mimimama Feierabend, und Knecht mixt sich einen Gin Tonic und ruft Haemmerli an.

size doesn't matter

Was mir Haemmerli dann über die Polizeivorsteherin erzählt: dass sie kein Fleisch und keinen Fisch isst und keinen Alkohol trinkt. Das ist natürlich an und für sich nicht verwerflich und auch jedermanns Privatsache und, wie man bei der Polizeivorsteherin sieht, nicht schlecht für den Teint. Es ist allerdings nicht gut für Zürich, denn diese eher unfrohe Art der Nahrungsaufnahme scheint ihr doch stark aufs Gemüt zu schlagen oder in einer nicht so tollen Basislaune zumindest ihr psychisches Pendant gefunden zu haben. Weil das passt doch zusammen, dass so jemand sich ärgert, wenn andere Leute sich auch in der Nacht noch öffentlich wohl fühlen. Und dass so jemand Zürich von Verslumung bedroht sieht, wo sich eigentlich nur eine Verstädterung vollzieht.

Ich hab das immer lustig gefunden, dieses Gerede vom Millionen-Zürich. Weil seien wir doch ehrlich, ein Millionen-Zürich kriegt man nur zusammen, wenn man sehr viele verschlafene Dörfer zum eigentlichen Zürich dazuzählt. Und dabei ist es an und für sich gar nicht notwendig, das eigentliche Zürich zu einer Millionenstadt auffetten zu wollen – denn eine kleine Metropole ist es ja auch so, auch wenn es nicht mal eine halbe Million Einwohner hat. Denn was ich an Zürich so mag: dass es trotz seiner relativen Winzigkeit alles hat, was eine richtige Stadt ausmacht, gute Veranstaltungen, gute Läden, gute Bars, gute Leute, und überall kommt man mit dem Velo hin. In Zürich stimmt, was Männer sich wünschen: Es kommt nicht auf die Größe an.

Denn Zürich braucht sich vor dem Großen nicht zu verstecken. Zürich kann alles, was auch die Großen können: Kultur,

Wissenschaft, Infrastruktur. Wirtschaft sowieso. Seit ein paar Jahren auch Nachtleben, und was sich da besonders im Kreis 4 und 5 so tut und sommers in den Badibars am See und an der Limmat – das hätte man gern woanders auch. Zum Teil vermiss ich das sogar in Wien. Obwohl es in Wien (1,8 Millionen Einwohner) sonst eigentlich alles gibt. Und obwohl man in Wien endlich eines begriffen hat: dass es in einer richtigen Stadt viele Orte geben muss, an denen sie nie schläft. Und dass nicht, wie im Dorf, zu einer vorgeschriebenen Zeit die Gehsteige hochgeklappt werden und Ruhe herrscht. Und dass den Leuten, die das urbane Leben geniessen, auch bewusst sein muss und ist, dass es in der Stadt nicht so still ist wie im Dorf. Zum Glück. Auch in der Nacht nicht. Zum Glück.

Aber die Polizeivorsteherin schläft offenbar schlecht. Darum sollen die Lokale in Zürich wieder um Mitternacht schließen, und zwar fast überall. Wenn sich das durchsetzt, werden bald nicht mehr die Dörfer zu Zürich gezählt, sondern Zürich zu den Dörfern. Weil das muss sich Zürich schon überlegen: ob es eine gut gelaunte Metropole sein möchte oder ein braves Kaff. Eine pulsierende Stadt sein oder ein ruhiges, friedliches Dorf, wo alle gut schlafen. Haemmerli und ich treffen sich dann halt in Wien oder Paris oder so.

Jetzt gibts Haue.

Ich sag immer, dass es das Privileg der Jugend ist, radikal einseitige Haltungen vertreten, Gegner rücksichtslos fertig machen und massive Angriffe gegen Saturiertheit und böse Weltanschauungen fahren zu dürfen. Was heißt Privileg: Ich erwarte das vom jungen Menschen. Dummerweise bin ich augenblicklich in der unglücklichen Position, dass mich drei engagierte junge Damen zu ihrer Gegnerin erwählt haben und ein bisserl mit Recht fertig machen. Die drei Damen schickten mir nämlich Mitte Mai ein freundliches E-Mail, sie seien Schülerinnen einer Kantonsschule in Zürich und befassten sich im Rahmen eines Projekts mit Printmedien, genauer Kolumnen. Ob ich ihnen dazu bitte vier Fragen beantworten könnte und herzlichen Dank für die Bemühungen.

Leider erfolgten meine Bemühungen nicht, wofür ich jede Menge Entschuldigungen habe, vor allem die, dass es zeitraubend ist, zwei gut einjährige Gofen, dazu ein bisschen Arbeit und keinen Büroassistenten zu haben, wobei ich von drei hoffentlich kinderlosen Teenagerinnen nicht erwarte, dass sie das wissen. Aber es führt halt dazu, dass ich die Beantwortung des Schülerinnen-Mails wie die Beantwortung aller freundlichen und kritischen Leserinnen-Mails auf die Zeit verschoben habe, zu der ich mal Zeit haben werde, was, wie mir allmählich dämmert, voraussichtlich nach der Einschulung der Mimis der Fall sein wird.

Ja, ich weiß: Ausreden, nichts als faule Ausreden, und außerdem kommen sie sowieso zu spät, weil ich von einer der drei Damen Kantonsschülerinnen, dem Fräulein F., in einem Artikel in ihrer Schülerzeitung bereits derart eingetunkt wurde, dass ich einerseits sagen muss: Chapeau, mein Anforderungsprofil an die Jugend ist hier zu 250 Prozent erfüllt. Andererseits muss ich doch was entgegnen: Wer so jung und so verwegen ist, darf auch ein bisschen leiden. Und hier kommt der Schmerz. Fräulein F., Sie freches Gör, Sie haben schon Recht: Die Nichtbeantwortung Ihres Mails – für die ich mich hiermit entschuldige – ist eine furchtbare Unhöflichkeit, auch mangelt es mir tatsächlich „an Feingefühl“, und meine Kolumnen widerspiegeln „ein Mitleid erregendes Bild“, und ich gebe darin wahrhaft einiges von mir preis, „das nicht zu meinen Gunsten ausfällt“. Alles richtig. Allerdings muss ich dem Fräulein Leberwurst auch was sagen: Bevor man eine, die nicht antwortet, fertig macht, schickt man ihr ein Erinnerungs-Mail oder ruft mal an. Und erst wenn darauf keine Reaktion erfolgt, hat sie Haue verdient. Und bevor ich noch mehr Haue kriege: Auf alle anderen Mails werde ich noch antworten! Ich schwörs! Sobald wie möglich! Geben Sie mir bloß noch ein paar Jahre Zeit! Bittedanke!

Guten Morgen

Manu und Lotte haben im Verlaufe einer kürzlich hier geschilderten Trinkerei also beschlossen, ihre midlifekriselnden Lebensgefährten auf gar keinen Fall nach Ibiza zu begleiten. Bei! Alice! Schwarzer!, man ist ja schließlich zwei erwachsene Frauen!, und die haben wirklich Wichtigeres zu tun als gewissenlose minderbetuchte Partygirls von den Herren Schatzis zu verscheuchen beziehungsweise vice versa. Manu und Lotte also schicken mir SMSe aus Ibiza, tolles Wetter, tolle Finca, toller Strand, schad, bin ich nicht mit.

Schön, bin ich nicht mit. Weil es ist schon schlimm genug, dass die Mimis stur jeden Tag um sechs Uhr früh aufstehen wollen, aber mit den Mimis aufstehen zu müssen und dabei auf eine gerade heimkehrende Truppe zugedrogter Tanztiger zu treffen, das ist nicht meine Vorstellung von Urlaub, mal abgesehen davon, dass etwas Derartiges wie Urlaub seit den Mimis nicht existiert, aber das beklagte ich längst.

Immerhin kann ich sagen: Der Sommer, in dem ich keinen Urlaub habe, obwohl ich nicht arbeiten muss, ist diesbezüglich vorzüglich. Schön heiss. Seit Wochen stehe ich knietief in seicherlwarmem Wasser und schwenke ein Mimi durchs Nass, während das andere versucht, sich irgendwo hinter meinem Rücken zu ertränken. Sie haben sich sehr entwickelt, die Mimis, eins kann schon gehen, das andere krabbelt wie ein flinker Käfer, beide klettern wie die Affen, sie können Nein, Katze, Busen, Ball und Bim aber nicht Mama sagen, und sie haben ihre Kugel- und Würfelattribute gegen neue Unterscheidungskriterien eingetauscht, Kriterien, die jedweder Umwelt ein willkommenes Gesprächsthema bieten. Weil wir fahren ja mit der Straßenbahn, also der Bim, ins Bad, und in Wien ist die Bim sozusagen die Entsprechung zum Londoner Hydepark. Wenn sich in Wien einer ausreden will, dann tut er es in der Bim, und der Anblick der Mimis begünstigt Redewünsche verlässlich.

„Da schau her, wie süß, Zwillinge!“ Gut beobachtet. „Ein Mäderl und ein Bub, wie schön.“ Ja, aber weil ich gern zwei Mädchen gehabt hätt, hat der Bub ein rosa Kleidchen an. „Jessasmarant, das ist auch a Mäderl? Aber das hat ja gar keine Haare und das andere schon!“ Jetzt, wo Sie es sagen ... ich sollte vielleicht noch mal nachsehen, möglicherweise ist es doch ein Bub? „Dass sich Zwillinge so gar nicht ähnlich sehen können! So interessant!“

Ja, so interessant. Aber bei Zweieiigen gibts das. Weil das Würferl hat richtig tüchtig Haare, inklusive bisschen Locken, während ein dünner, kaum sichtbarer Flaum das Kugelkopferl überzieht. Das ist gut und schlecht. Schlecht, weil mir das Kugerl, dem das wurscht ist, ein bisserl Leid tut, da die Leute haarige Kleinkinder immer niedlicher finden als glatzige, und auch Sedlacek, die Pfeife, hat zum Würfelchen gesagt, süßes Mausi, und zum Kugerl, dass es dann halt mal auf die Uni geht. Gut, weil es für die Charakterbildung ziemlich sicher von Vorteil ist, wenn man ohne Doppelgänger aufwächst. Vorläufig hätte ich allerdings nichts dagegen, wenn sich die Mimis entschließen könnten, täglich gemeinsam bis sieben oder acht zu schlafen, quasi wie ein Ei.

Der absolute Stiefel

Das Fräulein Meier, wer sich erinnert, findet Männer, während ich Schuhe suche, was ich, wer sich erinnert, eigentlich immer tue. Wenig überraschend bin ich augenblicklich auf der vorherbstlichen Jagd nach dem „eternal boot“, wie das die „Vogue“ überaus richtig benennt, und ich jage bislang ohne den geringsten Erfolg. Die kommende Schuhsaison droht fürchterlich zu werden, und wenn ich mir Angebote in den Chichi-Schuhläden so anschaue, kann ich genauso gut und ohne mich zu blamieren praktisch alle die Schuhe von vor zwei Jahren weiterhin tragen. Das ist unerträglich. Immer deutlicher flammt am Horizont eine elementare Frage auf: Wird es ein Leben nach dem Stiletto geben? Ich bin sehr enttäuscht von den Designern.

Der einzige Boot, der bislang das Adjektiv chhhhhhh!!!! verdient, ist ein schwarzer, superunvernünftiger, poststilettistischer Stiefel, der 605 britische Pfund kostet – was das in kontinentalen Euro heißt, will ich gar nicht wissen, aber zweifellos nährt es die Mimis viele Monate. Gut, die mit dem Achilleszipp gehen auch so einigermassen. Und zur Not vielleicht noch die braunen Stiefletten mit den seitlichen Stretcheinsätzen. Aber sonst? Weg.

Da ist das Fräulein Meier in seiner Männer-Mission schon erfolgreicher, das sei diesem neugierigen Herrn vom „Tagblatt der Stadt Zürich“ somit mal reingesagt. Da hat nämlich einer unter dem Titel „Hat Meier, oder hat sie nicht?“ schmutzige Details aus des Fräulein Meiers Privatleben verlangt und wollte zudem wissen, „und wenn sie hat, mit wem? Oder leidet die Meier seither unter dem Image, eine Männer fressende Bestie zu sein?“ Natürlich reizt es mich an dieser Stelle, ein wenig über den flunderflachen Ausdruck „Männer fressende Bestie“ nachzudenken, und wo kriegt man eigentlich das Plattitüdenverzeichnis, in dem manche Schreiber immer wieder die gleichen alten dämlichen Begriffe finden? Oder handelt es sich um die Folge eines genetischen Defekts? Es ist mir allemal zu blöd, mich darüber zu ärgern. Lieber erzähl ich nächste Woche, auf welche Weise das Fräulein Meier sich vergnügt. Falls das Fräulein Meier willig ist, ihr vergnügtes Leben der Unterhaltung irgendwelcher dirty old boys zu widmen.

Dazu fällt mir grad ein, dass Sedlacek am Wochenende griesgrämigst an einem Grillanlass herumsass und beklagte, dass ganz allgemein wenig zu seiner Unterhaltung unternommen werde. Männer wie er, jammerte Sedlacek, also postvierzig, präfamiliär, mit 60-Stunden-Jobs und damit korrespondierendem Kontostand, die würden doch nur noch in teure Autos gesetzt und auf den Golfplatz und zu russischen Prostituierten geschickt; im TV zum Beispiel, raunzte Sedlacek, sei für ihn gar nichts außer Fußball, und um bei einem programmierten Schlingensief-Skandal am Burgtheater Erfüllung zu finden, sei er noch nicht entsexualisiert genug. Ich glaube, Sedlacek würde mir Leid tun, wenn mein Schuhproblem nicht viel schlimmer wäre, was es ist.

Es wird schon wieder.

Es geht diesmal im Fall nicht um die Kinder, es ist nur, weil gerade Max anruft, den kennen Sie noch nicht, weil: alter Freund, sehr alter Freund, derart alter Freund, dass die Freundschaft eigentlich fast nur noch am Telefon stattfindet. Max hat auch eine Tochter, die ist ungefähr zwei. Max ruft also an und fragt, wies geht, und ich erzähls ihm, und er erzählts mir, und wir bringen uns über den Fortschritt des Töchterheranwachsens aufs Laufende. Und selbstverständlich frag ich ihn schließlich – das können Sie nicht wissen, wenn Sie keine Kinder haben, aber wenn man ein Kind hat, wird man verlässlich immerzu gefragt, ob man eigentlich kein zweites will -, ob er eigentlich kein zweites will.

Da fängt er so an, bisschen rumzudrucksen. Er wird ja bald 45. Und seine Frau ist auch schon über 40, da wird schon immer mal wieder darüber geredet, aber … Das ganze Wahnsinnsding quasi noch mal! Und die Frau ist grad wieder glücklich auf Arbeit und alles. Ich sag, jajajaja, dass es mir genau gleich geht und ich deswegen so wahnsinnig froh bin, dass mit den Zwillingen alles aufs Mal erledigt ist, das ganze Wahnsinnsding mit zu vielen Hormonen und zu wenig Schlaf und diese süßen, aber doofen Gemüse ständig rumtragen und füttern und unterhalten, und dass ich sososo froh bin, dass es die Mimis endlich glücklich in ein Stadium geschafft haben, wo durchgeschlafen und kommuniziert und sich selbstständig fortbewegt und selber gegessen wird – wobei nach jeder Mahlzeit die Küche renoviert werden muss, aber egal -, und auch die Gehirnentwicklung erfährt eine überaus erfreuliche Progression, und zwar nicht nur die der Mimis. Und dass auch das frühere Leben allmählich aufs Begrüssenswerteste wieder in die Gegenwart lappt, und es gibt darin ein Büro und Apéros und unvernünftige Schuhe und feine Anziehsachen, weil ich jetzt auch endlich wieder so aussehe wie früher.

Das Letzte erzähl ich dem Max ganz nebenbei und so, dass er auf keinen Fall merkt, dass es ein bisserl gelogen ist, weil ich erst fast wieder so aussehe wie früher, aber bis der mich das nächste Mal sieht ... Der braucht nicht zu wissen, dass ich momentan den Langen ständig wegen nichts und wieder nichts anpflaume, dass die armen Mimis aufs Furchtbarste unter den Launen ihrer Mutter zu leiden haben, weil ich seit fünf Wochen praktisch nur Salat und Obst und schmerzhaft oft gar nichts ess, ich schwimme Kilometer um Kilometer, und das alles macht dünn und deshalb langfristig froh, aber im Moment nicht. Im Moment bin ich grantig. Aber ich hab mich einfach nicht mehr ansehen mögen. Und jetzt leide ich, aber dem Max erzähl ich das nicht, und auch nicht, wie ich mit dem verfluchten neunten Kilo kämpfe, das nicht und nicht weg will ... Immerhin sind es jetzt nur noch zwei Kilo bis zur verdienten Belohnung, und ich rat euch dringend, Designer, stellt bald was Anständiges in die Schuhregale, sonst werd ich sehr böse. Da fällt mir brennheiss ein, dass ich für diesmal eine Fräulein-Meier-Geschichte versprochen habe, das hab ich vor lauter Hunger vergessen.

Sitzen lernen

Eigentlich war ich jetzt nochmal von meiner Abnehmerei am Erzählen, wie der Lange mich bei Kilo acht nach einer kleinen verbalen Ausschreitung anschreit, wann die verfluchte Scheissdiät jetzt endlich vorbei sei!?, und wie ich bei Kilo neun meine alte und einigermaßen winzige Donna-Karan-Jeans probiere, die ich vor Jahren in New York gekauft habe, als ich mal Brett Easton Ellis interviewte, der schon damals völlig zurecht beschied, dass „Ally McBeal" reaktionärer Schrott, „Sex And the City" hübsch offensiv und „The Sopranos" göttlich sei, und wie ich diese Donna-Karan-Jeans auch tatsächlich über meinen Arsch und, alter Mädchentrick, am Boden liegend auch den Verschluss zukriege, so einen flachen Haken wie an Herrenhosen, und wie ich sogar aufstehen kann damit, wenn auch nicht sitzen, sitzen nicht, noch eine Weile nicht, und wie ich die Jeans dann nicht mehr aufbekomme, weil dieser eine kleine Zentimeter Spielraum, den man zum Öffnen dieses Hakens braucht, plötzlich weg ist, und wie ich im Badezimmer auf dem Rücken liege und denke, dass ich jetzt wohl dem Langen werde rufen müssen, was ich unbedingt vermeiden will, weil es selbst zwischen langjährig Liebenden Dinge gibt, die der andere nicht zu wissen braucht.

Aber mittlerweile bin ich bei Kilo zehn und zur Belohnung ganz ohne Familie nach Zürich geflogen. Wo mich Rosi gleich am ersten Abend in der Talacker-Bar ein wenig tadelt, weil ich die Sache mit meinem Gewicht übertrieben wichtig nähme, speziell als Frau mit feministischem Anspruch. Da hat sie völlig Recht, wenngleich ich es lieb finde, dass diese Rüge von einer Frau kommt, die gerade überlegt, ob sie sich die Augenlider chirurgisch straffen lassen soll.

Ich berichte also sozusagen live aus Zürich, wo ich mich durch meinen lokalen Freundeskreis saufe und hin und wieder auch esse, zum Beispiel gestern Abend ein pipifeines Thunfischsteak mit Gemüse bei Haemmerlis Liebster. Für heute Abend, das wird dann zu berichten sein, hab ich, weil ich endlich wieder mal Austern schlürfen will, einen Tisch in der Brasserie Lipp reserviert. Haemmerli kommt, Rosi kommt und Dr. Robert, wer sich erinnert, kommt wahrscheinlich auch. Dr. Robert hat, nachdem ich ihm die Einladung auf den AB gesprochen hatte, gleich rührend doktorrobertisch reagiert und mir ein SMS geschickt, dass er mir in einem sehr netten und total angesagten Restaurant zu einer Reservierung verhelfen könne, was ich höflich ablehnte, weil ich einmal mit Dr. Robert im damals total angesagten Pur essen musste; dankeschön.

Weil Sie fragen: Nein, in die Kronenhalle geh ich vorläufig nicht mehr, weil letztes Mal, als ich dort mit sieben oder acht Freunden, alle definitiv keine Punks, zum Essen war, haben wir 40 Minuten auf den Wein gewartet, und der Service war letztklassig, was meiner Meinung nach in einem Restaurant, in dem eine Bratwurst 26 Franken kostet, nicht der Fall sein sollte. Allerdings gestehe ich, dass ich inkonsequenterweise direkt vom Flughafen in die Kronenhalle-Bar gefahren bin, um dort mit Kerim Seiler, dem Schatzerl, Salzmandeln und Kartoffelchips zu verputzen. Ein paar Cüpli gabs auch, richtig, das hat ja kaum Kalorien, oder.

Hauch der Freiheit

Kaum hatte ich die live in Zürich verfasste Kolumne mit der Kritik am miserablen „Kronenhalle"-Service in den Druckerei-Orkus geschickt, war der Service in der „Kronenhalle" auch schon tadellos. Als ich dort nämlich heimlich und aus einer unüberwindlichen Sentimentalität heraus doch noch ein kleines Mittagessen aus Champagner und einer halben Portion Matjeshering einnahm, wobei ich formvollendet verhätschelt wurde. Was ich überaus schätze.

Was ich auch schätze, nämlich an Zürich: In Zürich bin ich sozusagen frei. Ich gehe durch Zürich wie keine Mutter. Ich wähle meine Zielorte nicht nach ihrer Erreichbarkeit mit einem Zwillingskinderwagen (der weder durch die Wiener noch durch die Zürcher Tramtüren passt), die Läden nicht nach dem Platz zwischen den Regalen, die Lokale nicht nach ihrer Kinderfreundlichkeit (sondern sozusagen im Gegenteil), und wenn ich mich tagsüber mit den Freunden treffe, schaue ich nicht gleichzeitig nach links und rechts, wo je eines der Mimis eine fremde Tasche ausräumt / um Essen bettelt / bei unbekannten Erwachsenen um Asyl ansucht, sondern geradeaus in das jeweilige Freundesgesicht. Das ist hervorragend.

Deshalb entging mir nicht das Leuchten in Ossis Augen, als er mir erklärte, dass dieser Maserati ihm eigentlich nur passiert sei. Es hatten mir nämlich, kaum war ich in Zürich angekommen, schon drei Leute erzählt, dass Ossi, hast du es schon gehört, jetzt einen Maserati fahre. Mit Ossi habe ich in Zürich, wer sich erinnert, eine Wohnung im Röntgenareal bewohnt, direkt an den Geleisen, herrliche Aussicht, besonders nachts, unfassbare Beschallung, besonders nachts. Ich wusste nicht mal, dass Ossi einen Führerschein hat, und sein Hang zu Statusobjekten hat sich damals auf exquisite Jogurts und die entschiedene soziale Ächtung von Filterkaffeemaschinen beschränkt. Natürlich will ich, als ich mit Ossi im „Plaza" endlich mal wieder ein bisserl Alkohol teile, alles über diesen Maserati wissen. Dunkelblau, sagt Ossi, und das sei ja nun mal wieder eine typische Weiberfrage. Der Maserati sei auch keineswegs, wie jetzt alle täten, so was wie ein Ferrari, eher so was wie ein fetter BMW, und die Fortbewegung mit einem solchen sei in Zürich doch bitte so normal wie der sonntägliche Zopfverzehr, was ich insofern bestätigen kann, als ich in Zürich an jedem beliebigen Vormittag acht bis zehn Saab Cabrios passiere, was mir in Wien zirka einmal im Monat passiert.

Leider straft dieses Leuchten in den Ossi-Augen Ossi Lügen. Ossis Augen sagen nämlich: Ich bin so frei, mir einen Maserati zuzulegen, wenn es mir passt. Und schon fällt mir die deutsche Band Blumfeld ein und ihr neues, total überschätztes Album „Jenseits von jedem" und der Song „Ich bin frei", in dem Jochen Distelmeyer allen sagen will, wir seien frei, und in dem er behauptet, um ihn wehe „ein Hauch von Anarchie", was für jemanden, der im Sold eines der größten Unterhaltungskonzerne der Welt steht, eine originelle Behauptung ist. Da ist mir der Hauch jener Freiheit, der Ossis Maserati bei Tempo 160 oder so umweht, ehrlich gesagt lieber.

Alles so platt hier

Letztes Mal habe ich gemein über „Jenseits von Jedem", das neue Album der deutschen Band Blumfeld, geschrieben. Dann entnahm ich der „Süddeutschen", es handle sich bei dieser CD um das beste Blumfeld-Album und bei Blumfeld „im Moment um eine der fünf besten Bands der Welt". Das gab mir sehr zu denken, und ich möchte meine Erstkritik, das Album sei völlig überschätzt, zurücknehmen und sage nun: „Jenseits von Jedem" ist ein misslungenes, total verreimtes Album voller verlogener, platter Lyrik, was schade ist, denn Blumfeld war wirklich mal die beste deutsche Band. Was ich nicht verstehe, ist, dass all den Kritikern überhaupt nicht auffällt, wie flach, verblasen und inhaltsleer die neuen Reime des Blumfeld-Dichters Jochen Distelmeyer sind, was sich aber leicht mithilfe eines kleinen Lyrik-Rätsels verifizieren lässt.

Folgende Textausschnitte sind verschiedenen Songs entnommen, entweder von a) Jochen Distelmeyer oder b) der deutschen „Gute-Zeiten-schlechte-Zeiten"-Mimin Yvonne Catterfeld, die kürzlich einen von Dieter Bohlen produzierten Superhit hatte. Bitte ordnen Sie zu: 1. „Die Sonne lacht, und ich fühle mich frei"; 2. „So schwing ich mein Zepter mit Frühlingsgefühlen auf meinem Thron"; 3. „Du hast so gern herabgeschaut, dein Luftschloss nur auf Sand gebaut"; 4. „Ich hör dich, ganz ohne Worte, ich fühl da, wo du bist"; 5. „Gib nicht auf – es kommt ein neuer Morgen, lass es raus – dein Schmerz und deine Sorgen"; 6. „Für dich mach ich jeden Tag unendlich, für dich bin ich noch heller als das Licht"; 7. „Ich sing für dich, denn alles, was mir fehlt, bist du". Zu gewinnen gibt es leider nichts als vielleicht ein kleines Aha.

Apropos flach. In Zürich hatte auch ich eine Erkenntnis, nämlich dass man hier wirklich wunderbar Geld ausgeben kann, wesentlich effizienter als in Wien, bei Schuhen allerdings – jetzt kommt erst die Erkenntnis – nur bis zu einer bestimmten Absatzhöhe. Ich wollte mich nun nämlich wirklich mit diesem gewissen Paar wunderschöner Stiefel belohnen. Zu diesem Zweck suchte ich ein einschlägiges Etablissement am Hechtplatz auf, das auch wirklich schöne Werke von begabten Schustern und Schusterinnen anzubieten hatte, aber keines davon war höher als vier, höchstens fünf Zentimeter. Die Verkäuferin wusste dabei genau, welche bestimmte Stiefelette ich meinte, beschied mir aber mit Bedauern, dass ich dieses Modell vermutlich in ganz Zürich nicht finden würde, da auch die modebewussten Damen in dieser Stadt keine neun Zentimeter hohen Absätze trügen, aus Gründen der Bequemlichkeit. Da hatte die Verkäuferin überaus Recht, wie ich zwei Tage später bestätigen konnte.

Und das ist natürlich mal wieder typisch Zwingli-Town. Ich aber sage: Form soll der Funktion, Schönheit aber niemals der Bequemlichkeit folgen. Nie! Denn, was ist das überhaupt für eine Einstellung, dass schöne Schuhe bequem sein müssen. Schöne Schuhe müssen in erster Linie schön sein. Solange man damit schön sitzen kann, erfüllen sie ihren Zweck voll und ganz.

Auflösung: 1a, 2a, 3a, 4b, 5a, 6b, 7a

Feigheit vor dem Freund

Ein feiges Lulu aus Zürich, das offensichtlich mit Ossi persönlich bekannt ist, hat mir unter dem Namen „Fräulein Plunder" (Ha. Ha. Ha.) ein E-Mail geschickt mit dem Zweck, Ossi anzuschwärzen. Ossis Maserati habe nämlich in Frankreich anlässlich eines Filmfestivals eine Panne gehabt, und abgesehen davon, dass mir Ossi die Geschichte längst erzählt hat, halte ich eine Autopanne für etwas moralisch wenig Verwerfliches. Feigheit dagegen macht mich krank.

Obwohl ich zugeben muss, dass ich, als ich kürzlich an einer Party voller Journalisten war, mitten aus einer Diskussion gerannt bin, wirklich buchstäblich gerannt, unmittelbar nachdem ich einem eigentlich gar nicht so üblen Krisenreporter unterstellt hatte, er sei ein kriegsgeiler Voyeur und habe sich doch in Wahrheit über jedes abgeknallte irakische Kleinkind gefreut, weil das eine geile Geschichte und damit hübsche Kohle auf sein Konto brachte. Mir war klar, dass der mich ganz winzig zusammenfalten würde, sobald er ans Wort kommt, und ich trachtete, das zu vermeiden. Also rannte ich. Feig, ich weiß, aber es gibt da so eine Sorte von Diskutanten, gegen die komme ich auch nach zwei, drei Gläsern Champagner nicht an; was mich – das wird Sie jetzt wahnsinnig überraschen – für gewöhnlich in eine, wenn auch nicht geschmeidige, so doch überaus schrille Schnellrednerin verwandelt. Leider kenn ich jede Menge Leute, die keinen Tropfen Alkohol brauchen, um mich – egal welches Thema – argumentativ ohne Anstrengung einzupacken. Das ist einer der Gründe, warum ich das gesprochene Wort verachte.

Das ist jetzt natürlich wieder sagenhaft übertrieben, aber

zum Beispiel das Telefonieren vermeide ich tatsächlich tunlichst. Ich bin eine miserable Telefonistin. Ich bin der Ansicht, dass das Telefon den Menschen und seine Koordinationsfähigkeit völlig überfordert, jedenfalls meine. Es gebricht mir schlicht an der Fähigkeit, gleichzeitig zuzuhören, das Gehörte zu verarbeiten und darauf eine Antwort zu finden und zu formulieren, und genau das verlangt das Telefonieren. Ich bin der Meinung, dass das Telefon nur dazu geeignet ist, Taxis zu rufen, Termine zu bestätigen, der Familie Lebenszeichen zu geben und Baby-Neuigkeiten auszutauschen. Für alles andere ist das geschriebene Wort viel besser geeignet, eleganter, überlegter, haltbarer, und hiermit erledige ich etwas lange Überfälliges, ich sage: Liebe Mobiltelefonieindustrie, danke vielmals für das SMS.

Meine Freunde sehen die Sache etwas differenzierter, nämlich sozusagen aus der Opferrolle, weil sie, so ihre latente Klage, ständig kompliziert tippen und lesen müssen, was man viel schneller sagen und hören könnte. Papperlapapp! Unsere schnelllebige, effizienzorientierte Zeit kann ein bisschen gebremste Eleganz durchaus vertragen.

Insofern fand ich es ästhetisch legitim, dass das Fräulein Naddel Abdel Farragh, der Star der letzten Frankfurter Buchmesse, die Beziehung mit dem Produzenten Ralf Siegel einst per SMS beendete. Zugegebenermaßen war es auch elendiglich feige.

Kommt zurück, Borers!

Kaum können sie gehen, tragen auch die Mimis schon Schuhe von der Kategorie, in der ich weinen muss, wenn ich den Kreditkartenbeleg unterschreibe. Ich besorge ihnen T-Shirts und Pullis vom Türkenmarkt-Wühltisch, aber die Schuhe müssen gut sein, darum kaufe ich ihnen hübsche und total vernünftige rote Stiefel; man darf ja Kindern, die gerade gehen gelernt haben, die Füsse nicht mit schlechtem Schuhwerk ruinieren. Das werden die Mimis zweifelsohne noch früh genug selbst erledigen, sind ja schließlich meine Töchter. Es wundert mich folglich nicht, dass die Mimis die neuen roten Stiefel auch inhäusig tragen wollen, man muss ja kontrollieren, ob die auch zum Pyjama passen. So ist es brav, Kinder. Überhaupt erfreut mich das euphorische Verhältnis, das die Mimis zu Textilien pflegen sowie gegenüber allen Verpackungen, denen ein hutähnlicher Charakter inneliegt. Das Kugerl zum Beispiel läuft gerne mit kleinen Schachteln auf dem Kopf herum, und ich muss sagen, es steht ihm gut. Es bekommt ihm nur leider jeweils schlecht, wenn die Schachteln zu groß sind.

Die Mimis – um Sie mal auf den neuesten Stand zu bringen – können rennen, rückwärts gehen, (das ist ist schwieriger, als Sie glauben), Purzelbäume schlagen, mit dem Röhrli trinken, eine Senftube aufbeissen, ein bisschen singen, tanzen – derzeit am liebsten zu den neuen Alben von Peaches und den Strokes, was Mutter begrüßt – und auf Stühle klettern, und sie sind große Tierstimmen-Imitatorinnen. Wenn ein Hund das Tram, in dem wir sitzen, betritt, rufen sie wau, wau!, wenn eine Katze auf einem Plakat vorbeifährt, miauen sie, wenn ein Fiaker vorbeitrabt, wird gewiehert, und wenn ein Farbiger ins

Tram einsteigt, rufen sie U! U! U!, das ist wahnsinnig peinlich. Zumindest in Wien – in der Schweiz, wo man jetzt ja wieder „Neger“ sagen darf, fielen wir vielleicht gar nicht auf. Im Unterschied zu den SVP-Wählern, deren xenophobe Ressentiments von den Werbestrategen der SVP stets sehr erfolgreich rausgekitzelt werden, sind die Mimis aber keine Rassistinnen, sie besitzen nur noch nicht die Fähigkeit, Tiere von Menschen zu unterscheiden; stattdessen ordnen sie die Gattungen nach Farben. Ich hoffe, sie kriegen das bald auf die Reihe, sonst krieg ich demnächst eine gescheuert, und zwar zu Recht.

Weil wir uns grad über Politik unterhalten: Ich hab eine Regierungskrise. Erstens lebe ich in einem Land, das derzeit mit einem so beschämenden Dilettantismus regiert wird, dass man sich im Ausland alleweil genieren und dem universalen Bodybuilder in Kalifornien geradezu dankbar sein muss, dass er das öffentliche Interesse vom österreichischen Innenpolitischen sozusagen auf das Aussenpolitische lenkt. Zweitens ist in meinem Lieblingsland jetzt Christoph Blocher in der Regierung, und leider habt ihr Schweizer momentan keinen glamourösen Auslandvertreter, der von diesem traurigen Bünzlibürgerentscheid ablenken könnte. Selber schuld, habt ihr die Borers aus Berlin vertrieben.

Der Künstler als Mensch

Der Lange und ich waren am Bob-Dylan-Konzert, es war wunderbar. Ich erkläre Ihnen nicht, warum, denn wenn Sie, wie der ansonsten stilsichere schweizer Schriftsteller Philipp Tingler, Dylan nicht lieben, glauben Sie mir sowieso nicht. Und wenn Sie ihn lieben, muss ich Ihnen nicht sagen, dass es gut war. Am Dylan-Konzert saß zwei Reihen vor uns auch ein Schriftsteller, Wolf Haas, der bekanntlich brillante Kriminalromane schreibt; plus er ist ein recht angenehmer Mensch.

Das müsste er nicht sein. Dass tolle Künstler nicht unbedingt nette Menschen sein müssen, hab ich gelernt, als ich einmal meinen Lieblingsschriftsteller Don DeLillo interviewbedingt getroffen habe, und er war, wie man in Wien sagt, ein echter Ungustl. Traurig irgendwie, aber es spielt keine Rolle mehr, weil mein Lieblingsschriftsteller niemals so ein ödes Buch wie „Körperzeit" schreiben soll, besonders nicht, wenn er zuvor so ein grandioses Buch wie „Weißes Rauschen" geschrieben hat. Jedenfalls: Weil ich DeLillo getroffen habe, möchte ich zum Beispiel Bob Dylan nicht treffen, nie, er soll seinen Platz in meinem Herzen nicht gefährden. Mit Wolf Haas aber gingen wir nach dem Konzert Bier trinken ins „Rhiz", wo gerade der junge, wilde Jürgen Benvenuti, noch ein Krimiautor, an der Theke lehnte und Mineralwasser trank, ein schöner Zufall, der jetzt aber leider in die falsche Richtung führt.

Denn dass Künstler, deren Schaffen ich eher nur sehr selektiv positiv beurteile, nicht unbedingt ungute Menschen sein müssen, hab ich auch gelernt. Habe ich je erzählt, wie mich einmal, es war neun Uhr früh, und ich hatte eine aufreibende Nacht hinter mir, André Heller anrief und mir auftrug, ich solle die Liebe in mir entdecken? Ich war sehr beeindruckt. Einige Zeit später begegnete ich Heller anlässlich eines Interviews erstmals leibhaftig. Vor seiner Ausstrahlung gewarnt und zur kritischen Distanz entschlossen, saß ich in Hellers Palais auf Hellers Sofa und lauschte Hellers Worten, und nach etwa eineinhalb Minuten war ich bereit, alles an Heller großartig zu finden – nicht nur seine tatsächlich tadellose politische Courage und sein bewundernswertes Talent zur Zeitgenossenschaft und sondern auch seine Chansons mit ihrer aufgeblasenen Lyrik. Es war quasi genau umgekehrt wie bei DeLillo.

Der Lange ist da anders. Der Lange ist ein harter Knochen. Die einzigen Menschen, die den Langen, der sich hauptberuflich mit Popmusik beschäftigt, beeindrucken können, sind Jeffrey Lee Pierce, Elvis Presley, Bob Dylan und Johnny Cash, und von denen sind die meisten tot. Über das Bob-Dylan-Konzert aber schrieb der Lange schöne Worte in eine Tageszeitung, und selbigen Tags klingelte sein Telefon, und André Heller war dran, lobte des Langen Worte über alle Massen und wollte scheints wissen, aus welcher Kammer seines Herzens sich der Lange irgendeinen bestimmten Satz gerissen habe, und der Lange sagte wahrheitsgemäß, den habe er von Lucky Luke geklaut, sonst noch was? Überrascht war er schon, denn die Ansichten des Langen über Hellers musikalisches Werk ähneln meinen stark. Dann fiel ihm ein, dass Heller, nach Jahren musikalischer Abstinenz, gerade eine neue CD veröffentlicht hatte. So ergab alles einen Sinn.

Im Dschungel

Ich hab mir eine Fake-Fellmütze gekauft, so eine, wie sie Meg White von den White Stripes bei den MTV-Awards getragen hat, allerdings trage ich sie, wenn ich die Kinder von der Tagesmutter abhole, was mir skeptische Na-ja-so-lange-sie-immer-pünktlich-zahlt-Blicke der Tagesmutter einträgt. Sie brauchen nicht zu glauben, das sei das Glamouröseste, was in meinem Leben passiert, das ist es nämlich nicht, zum Beispiel fliege ich heute nach Zürich.

Das Erleben glamouröser Dinge steht momentan ganz oben auf meiner Erledigungsliste, denn kürzlich hab ich ein Mail von einem Leser bekommen, der schrieb, wenn ich ihm garantieren könne, nie wieder schwanger zu werden, sei er eventuell bereit, meine Kolumnen wieder zu lesen. Ich denke, das kann ich versprechen, und ich interpretiere die Leseranfrage als Auftrag für möglichst fleißiges außerfamiliäres Abenteuertum. Deshalb habe ich sofort Sedlacek mal wieder angerufen, gleich, nachdem mir Mizzi erzählt hat, dass sie Tage zuvor mit ihm essen war, in einem nicht besonders heruntergekommenen Restaurant, und er ist offenbar vor dem Dessert unter den Nachbartisch gekrabbelt und wollte dort nicht mehr zu bellen aufhören, und er habe nach dem Kellner geschnappt, als der ihn mit einem Happi, Mizzi sagte, es war etwas Panacotta mit Waldbeerenjus, beruhigen wollte. Mizzi habe Sedlacek dann unter Entschuldigungsgestammel an seiner Pucci-Krawatte unter dem Tisch hervorzerren müssen, wobei sie wiederholt beteuert habe, dass das nicht ihr Hund und sie für seine schlechten Manieren deshalb nicht zur Verantwortung zu ziehen sei.

Ich muss also auf der Stelle mit Sedlacek essen gehen, um meine Erlebnisvielfalt zu potenzieren, er hat offenbar einen guten Lauf. Sedlacek aber sagt mir am Telefon, er hat grad keine Zeit, meine außerfamiliäre Betreuung zu übernehmen, er hat nämlich in der Zwischenzeit eine behaarte Dame kennen gelernt, übrigens anlässlich besagter Hundeshow, denn die behaarte Dame habe an besagtem Tisch gesessen und sie findet offenbar Gefallen an diesem und jenem Schrägen und Extraordinären. Also zum Beispiel an Sedlacek sowie an der Gewohnheit, ihre Achselhöhlen und anderes nicht zu rasieren.

Was mir Sedlacek an weiteren haarigen Details berichtete, erinnerte mich an die Erzählungen eines anderen Freundes, der berufsbedingt regelmäßig in Holland verkehrt und stets schreckliche Dinge erzählte, über schöne, kühle, groß gewachsene, protestantische Damen, die allerdings, sobald man sie näher kennen lerne, Furchtbares enthüllten, SOLCHE Dreiecke! erzählte der Freund mit anhaltendem Entsetzen, und dass er nicht zuletzt deshalb seine beruflichen Aktivitäten in ein katholisches Land verlegen werde oder nach Frankreich, er kriege im Dschungel einfach keinen hoch.

Sedlacek dagegen offenbar neuerdings schon, aber trotz seiner leidenschaftlichen Schilderung des Reizes von Naturfellen trag ich mein Fell auch weiterhin lieber auf dem Kopf, so wie Meg White. Bloß ist meins schwarz.

Punk's Not Dead

Die Sache mit den White Stripes zwickt mich ein bisschen, also nicht nur wegen der White Stripes, sondern wegen des ganzen New Rock. Weil: Weiland hab ich dem Kollegen Canonica erklärt, die blöden Strokes, die da allenthalben und im „Spiegel" so sagenhaft abgefeiert würden, könne man sofort vergessen, weil erstens Gitarren, und kein Mensch, der was auf sich hält, hört mehr Gitarren, zweitens der „Spiegel", seit wann kennt sich denn der „Spiegel" mit Pop aus?!? Drittens alles sowieso schon mal dagewesen, niemand braucht, hab ich gesagt, eine neue Band, die klingt wie die New York Dolls und hundert andere alte Bands, die viertens damals selbstverständlich viel besser waren, fünftens ist Rock tot, sechstens und wichtigstens: lernt Geschichte!

Folgerichtig habe ich mich nach der Rede an Canonica endlos geweigert, diese überflüssige Musik anzuhören und ärgerte mich giftig über ihren sich meinen Thesen widersetzenden Erfolg, und als die überflüssige Musik irgendwann ungefragt in meine Ohren drang, bestätigten sich meine Vorurteile aufs Prächtigste. Ha. Nur fühlte ich den Wunsch, es nochmal zu hören. Und nochmal. Und so ging es mir auch mit den White Stripes und den Hives und dann den Libertines, die ebenfalls keiner braucht, weil es ja auch The Clash schon mal ziemlich gut gegeben hat. Wo ich irrte: Ich glaubte, es spiele eine Rolle, dass es den Sound der neuen Wilden schon mal gab; es spreche gegen sie: Das tut es nicht. Im Gegenteil: Sie haben den Punkrock der Siebziger ins neue Jahrtausend gerettet, und zwar nicht als Museumsstück, sondern als ein Lebensgefühl, mit dem sich ein offenbar großes jugendliches Publikum identifizieren und von der TV-Superstarsearch-Idiotie abgrenzen kann. Ich schätze das sehr. Was mir nämlich davor nicht klar war: Wie enorm die Popmusikgeschichte angewachsen ist, während ich älter wurde. Als ich als Popkonsumentin sozialisiert wurde, war es mir im Lauf der Jahre noch möglich, mit etwas Engagement und Expertenunterstützung einen einigermaßen umfassenden Überblick über die Popmusik seit Robert Johnson zu bekommen. Ich hab noch mitgekriegt, dass Elvis und Sid Vicious starben. Das Popgeschichtsbewusstsein der heutigen Jugendlichen setzt vermutlich erst bei Kurt Cobains Selbstmord ein. Wo lernen sie, dass es The Clash gab?

Vielleicht bei den Libertines und den Strokes und den White Stripes, und das ist gut. Möglicherweise ist „Streetcore", Joe Strummers letztes Album, das jetzt, ein Jahr nach seinem frühen Tod, erschienen ist, auch deshalb so umwerfend großartig geworden. Auf „Streetcore" lassen es der ehemalige Clash-Sänger und seine Band The Mescaleros, nach Ausflügen in einen netten, höflichen Folklore-Rock, endlich wieder ein bisschen krachen. Hätte Strummer das vor vier, fünf Jahren gemacht, hätte man seufzen können, dass Strummer ein alter Depp sei, der auch mit knapp fünfzig immer noch dem Punkrock der Siebziger nachtrauert. Jetzt klingt das wieder sehr frisch: Die Strokes und ihre Kollegen haben bewirkt, dass Punk nicht tot ist und man selbst das Älterwerden nicht mehr so bedauert. Es ist zu traurig, dass Strummer das nicht mehr erleben und genießen konnte.

Mizzi wird Millionär

Mizzi ist sehr aufgeregt. Sie nimmt morgen an der „Millionenshow" teil, die in Deutschland „Wer wird Millionär?" heißt und von Günther Jauch klug moderiert wird, bei uns aber von einem ehemaligen Skifahrer. Denn in Österreich ist das Spezialistentum, das bemerkte ein Kollege von der „Süddeutschen Zeitung" kürzlich überaus richtig, eher verpönt. So werden ehemalige österreichische Actionhelden kalifornischer Gouverneur, muss sich eine aktive Schauspielerin mit Händen und Füßen dagegen wehren, ins Bundespräsidentenamt verfrachtet zu werden, und ein ehemaliger Wiener Bürgermeister jenseits der 70 reformiert das Bundesheer. In dieses System fügt sich der Ex-Skirennläufer als Hüter der allgemeinen Bildung sehr harmonisch ein. Übermorgen ist Mizzi also vielleicht schon Millionärin, oder sie hat ein paar Hunderttausend Euro mehr oder aber ihr eh schon ramponierter Ruf, mit dem sie dem Bonmot entsprechend einigermaßen ungeniert lebte, ist vollends ruiniert, und das ist jetzt ein bisserl Mizzis Sorge.

Weil Mizzi, und da ist sie in guter, weil meiner Gesellschaft, sich keinen Augenblick dafür schämt, beim Verliebtsein und all seinen Facetten zwischen verblödeter Hingabe und rasendem Kummer erwischt zu werden. Auch unartiges Benehmen unter dem Einfluss von Alkohol findet in Mizzis privatem „Knigge für lustige Weiber postvierzig und ihre Freundinnen beiderlei Geschlechts" ungeteilte Zustimmung. Wenn man Mizzi aber in einer Wissenslücke ertappt, dann schämt sie sich feuerrot. Mizzi, die die meisten ihrer Abende mit Konversation in verschiedenen Stadien der Alkoholisiertheit verbringt, möchte alles gelesen, gesehen, gehört haben, und wenn nicht, dann hat sie sich zumindest sekundär darüber informiert. Und deshalb schreckt sie in dieser ganzen Millionenshow-Sache nicht sosehr die Möglichkeit, dass sie mit nur 500 Euro nach Hause gehen könnte, sondern dass sie vielleicht vor aller Augen mit 500 Euro nach Hause gehen muss, weil sie etwas total Babyleichtes nicht gewusst hat.

Augenblicklich verbringt Mizzi ihre Abende deshalb nicht mit alkoholgetränktem Geplauder, sondern lernt in nüchternem Zustand das Kinderlexikon ihrer neunjährigen Tochter auswendig, während die Tochter Vergleichbares mit den am Markt verfügbaren Barbie- und Spielkonsolenkatalogen tut. Die Tochter ist nämlich der fixen Überzeugung, dass ihre Mutter übermorgen Millionärin sein wird, und das sind auch Mizzis Freundinnen beiderlei Geschlechts, die Mizzi bereits auf diese und jene reizende innerstädtische Immobilie aufmerksam machen, in der sich mit etwas Schotter und der Hilfe eines guten Innenarchitekten eine pipifeine Freundinnentränke einrichten ließe. Auch ich hätte da eine schöne, luftige Lokalität unweit meiner neuen Wohnung entdeckt, geräumig genug, um dort auch eine eingezäunte Spielecke für meine und andere Kleinkinder unterzubringen, aber ich zögere, Mizzi im Moment mit der Idee vertraut zu machen. Sie vertieft sich gerade in die Besamungsmuster der Labiaten, was, wie Mizzi versichert, sehr viel weniger geil ist, als es klingt.

Mizzi wird nicht Millionär

Leider hat es Mizzi dann nicht mal auf den Stuhl geschafft. An der Einstiegsfrage gescheitert, wobei sich Mizzi – und ich unterstütze diese Idee – überlegt, ob sie die Produzenten der „Millionenshow" verklagen soll. Für ihren Einstieg sollte Mizzi nämlich ganz schnell die Nationen mit den meisten Fußball-WM-Titeln nennen, Brasilien, Frankreich, Argentinien oder Deutschland, bitte in ansteigender Reihenfolge, und das ist natürlich eine total frauenfeindliche Frage. Es ist ja schließlich auch unvorstellbar, dass in der „Millionenshow" nach dem Schuhdesigner mit dem größten Lechz-Faktor gefragt wird, Bruno Frisoni, Christian Louboutin, Jimmy Choo, Manolo Blahnik, bitte in ansteigender Reihenfolge, ich meine, sagt Mizzi in ihr Handy, während sie in einer Bar am Kölner Flughafen auf ihren Rückflug wartet, ich meine, das würde sich doch kein Mann gefallen lassen. Niemals, sag ich in Wien.

Diese Shows werden nämlich in Köln aufgezeichnet, und nachdem Mizzi sich selbst und ihre heulende neunjährige Tochter aus dem TV-Studio entfernt hatte, habe sie noch eine ganz nette Zeit mit zwölf Kölsch und einer Zahnärztin aus Mödling gehabt, erzählt Mizzi, bloß davor … Sie könne einfach nicht denken, wenn eine Kamera auf sie gerichtet sei, sagt Mizzi. Überhaupt sei so eine TV-Show auf jener Seite des Schirms ja unendlich grässlicher, als man sich das auf dieser Seite vorstellen könne, mit diesen grauenhaften Einklatschern und quasi ihr selbst, also Mizzi, als einer Art modernen Gladiatorin, sie habe wirklich keine Ahnung, warum immer jeder ins Fernsehen wolle, sagt Mizzi, sie wolle jedenfalls nicht mehr dahin, und das sei sicher.

Diese Erkenntnis und die zwölf Kölsch und das Autogramm vom Kölner Karnevalsprinzen sei sozus… Welcher Kölner Karnevalsprinz?, sag ich, und Mizzi sagt, ach, in dem Lokal, in dem sie sich da mit der Zahnärztin niedergenippelt habe, sei zufällig auch der Kölner Karnevalsprinz gesessen, und irgendjemand habe ihr geflüstert, dass der ihr schon ein Autogramm geben würde, wenn sie nett fragt, und sie habe nicht unhöflich sein wollen und sich eins geholt, und ich hab gesagt, na bitte, das ist doch besser wie nix. Wollte ich doch gerade erzählen, dass das eben mit das Beste an der Sache war, sagt Mizzi, allerdings weiß ich noch nicht, wie ich meinen Fortpflanz je wieder beruhigen werde.

Uiiii, sag ich, wie es *mein* Fortpflanz in unübersichtlichen Situationen zu tun pflegt. Die Kameras seien nämlich noch nicht aus gewesen, habe die Tochter im Publikum schon zu heulen begonnen. Meine Mutter ist eine Schande!!!, habe die Tochter geschrien, EINE SCHANDE!!!, und dass sie sich nie! wieder! in ihrer Schule blicken lassen könne! und nun mitten im Semester die Schule wechseln müsse!, sie sei, habe die Tochter gebrüllt, für immer und ewig traumatisiert! Das wird, seufzte Mizzi, eine sehr, sehr teure Weihnacht. Insofern, sage ich, wäre es nicht schlecht gewesen, du hättest es doch bis zur 500-Euro-Frage geschafft, und Mizzi sagt, sie kann jetzt leider nicht weiterreden, ihr Schnaps kommt grad.

Schöne Schuhe!

Wie jetzt Rosi aus Zürich übers Wochenende in Wien war, trug sie ihre tollen Ponyskin-Stiefeletten mit den 8-Zentimeter-Stöckeln und hatte auch gar keine anderen Schuhe mit, aus dem vollkommen einleuchtenden Grund, dass andere Schuhe zur Margiela-Hose undenkbar gewesen wären. Also wurden von meinen 15 vorbereiteten Rosi-Wochenend-Programm-Punkten 14 wegen pedaler Unbewältigbarkeit umgehend wieder gestrichen, darunter ein Spaziergang mit den Mimis im Tiergarten Schönbrunn und drei bis vier Shoppingtouren zwischen Mariahilfer- und Kärntnerstraße.

Ersatzweise konzentrierten wir uns auf inhäusige Sitzaktivitäten, wenn möglich in Verbindung mit Alkohol. An Tag eins also wurde Rosi, da ich das Chauffieren eines Fahrzeugs nach wie vor für eine viel zu komplexe Sache halte, vom Langen vom Flughafen abgeholt, sodann von mir abgeküsst und im Weiteren den Mimis präsentiert, die Rosi zuletzt im Alter von acht Monaten gesehen hatte. Rosi, die weiß, was von ihr erwartet wird, stiess angesichts der Mimis und ihrer körperlichen und geistigen Fortschritte spitze Schreie des Entzückens aus, während die Mimis die neue Sklavin wohlwollend zur Kenntnis nahmen. Während der folgenden Stunden wurde Rosi von den Mimis auf dem Gebiet der Kleinkind-Literatur auf den neuesten Stand gebracht und durfte erfahren, dass Menschen unter einem Meter auch nach vier Stunden Ringelreiha, Hoppehoppereiter und Killekille keinerlei Ermüdungserscheinungen zeigen, Menschen darüber dagegen sehr. Weshalb Rosi froh war, zwei Stunden in ihrem etwas ostblockigen Hotel verschnaufen zu dürfen, bevor sie meinem Freundeskreis vorgestellt wurde.

An den Abend kann ich mich nicht mehr genau erinnern, weil meine gesamten Gehirnstromkapazitäten erst völlig davon in Anspruch genommen wurden, dass ich für neun Leute Essen zubereiten musste und später von übermäßig Rotwein lahm gelegt wurde, aber ich glaube, es war ganz nett, und Rosi hat sich einigermaßen unterhalten.

Der folgende Tag, ein Sonntag, wurde einer schnellen Durchsicht der Francis-Bacon-Ausstellung (Rosi fand sie überambitioniert) und der anschließenden Verwüstung zweier nahe gelegener Kaffeehäuser durch die Mimis gewidmet, während Rosi und ich erst Kaffee, dann bisschen Sprudel tranken. Am Abend speisten und plauderten wir sehr schön im zweitangesagtesten Asiaten von Wien, weil ich im angesagtesten keinen Tisch bekommen habe, aber davon weiß Rosi nichts. An Tag drei schließlich stöckelte Rosi eineinhalb Stunden lang durch die Albrecht-Dürer-Ausstellung in der Albertina, danach war ihr Marschier-Potenzial ausgeschöpft, und es war klar, dass wir es höchstens noch bis Helmut Lang schaffen würden, der glücklicherweise in Rufweite von der Albertina residiert. Immerhin gerieten wir auf dem Weg dorthin ins Dorotheum, eine ehrwürdige Wiener Versteigerungsinstitution mit herrlichen Schauräumen, in denen alle Dinge, die bei der Versteigerung übrig bleiben, zum Kauf angeboten werden, und Rosi kaufte dies und das und einen fetten kleinen antiken Diamantring, der sie sehr glücklich machte. Zu Helmut Lang haben wir es dann grad noch ganz knapp geschafft, und danach hatte Rosi ein zweites Paar Schuhe, und damit ging sie auch nicht in den Zoo.

Maul halten

Wir ziehen um. Auch diesmal erwies sich die Wohnstatt als nicht zukunftsträchtig, leider war es nicht unsere Entscheidung. Sondern die der Wohnungsbesitzerin, der ihr Appartement vor sechs Jahren für zwei Kinder, zwei Katzen, einen Hund und einen Ehemann zu eng wurde, weshalb in größere Räumlichkeiten übersiedelt wurde. Bedauerlicherweise änderte eine Scheidung dann ihre familiäre Situation und löste das Platzproblem wie von selbst. Zudem sind die Vermieterinnenkinder für ihr Alter offensichtlich überraschend sentimental und wollen, so ungefähr erklärte es uns die Vermieterin, zurück an die Stätte ihrer wunderbaren Kindheit, ihres ersten aufgeschürften Knies und ihrer ersten Doktorspiele oder was weiß ich, dabei sind die auch schon um die 13 oder 14, werden vermutlich also in nicht allzuferner Zeit ihre Sentimentalität zugunsten eines adoleszenten Freiheitsdranges, tschüss Mutter, überwunden haben.

Aber was gehts mich an; und ich hab mich gehütet, der Vermieterin ihren Irrtum und die darin lauernde Unvermeidlichkeit, dass ihre – unsere – Wohnung ihr schon bald viel zu groß werden wird, auf diese Weise begreiflich zu machen, sondern drückte auf die Tränendrüse und versuchte ihr zu erklären, was für eine heillose Traumatisierung ihr Entschluss bei den Mimis auslösen wird, denn wenn so kleine Kinder aus der Wohnung, in die sie praktisch hineingeboren wurden, geworfen werden, und sie im Alter von nicht mal zwei mit Unbehaustheit und Neuverortung fertig werden müssen, das kann ja nur alptraumhafte psychische Folgen und so weiter… Genutzt hat es nichts. Der Vermieterin war das Seelenheil ihrer eigenen Kinder näher als das der unsrigen, das kann ich ihr nicht verübeln. Wir müssen also raus, was mich kränkt, denn nach 13 Umzügen war ich endlich in der Wohnung angekommen, in der ich immer sein wollte, und es war ein langer Weg. Ich fing mit 19 gemeinsam mit meinem ersten festen Freund und seiner Schwester in einer 45-Quadratmeter-Substandardwohnung ohne Wasser an, und „ohne Wasser" meine ich im Sinn von „kein Wasser hinter der Wohnungstür". Wasser gabs kalt im Flur an der Bassena, dort wuschen wir uns sommers wie winters, und zwischendurch gingen wir ins Tröpferlbad. Wir hatten eine herrliche Zeit, und bevor ich hier anfange, auf peinliche Veteranenweise meine Jugend zu verklären, erkläre ich: Eine noch herrlichere Zeit hatte ich in unserer jetzigen 110-Quadratmeter-Mietwohnung mit 80-Quadratmeter-Rundumterrasse und einem herrlichen Blick über einen Großteil von Wien, und das in einer, ähm, sehr lebendigen Gegend.

Aber eben. Aus is. Also suchten wir. Und fanden tolle Appartements mit herrlichen Aussichten vom Wienerwald bis zum Riesenrad. Und stellten fest: Wenn wir so was wollen, dann müssen wir jeden Monat so viel Geld dafür ausgeben, dass es sich weder der Lange noch ich es uns jemals wieder leisten können, in der Arbeit das Maul aufzureißen. Das ist leider wider unsere Natur. Schöne, billige Wohnungen: Bitte melden.

Die neue Weltordnung

In einer anderen angenehmen Gegend fanden der Lange und ich schließlich was leistbares und schönes zum Wohnen, groß genug und mit einem hübschen Balkon und ausreichend Luft davor, dass man an lauen Sommerabenden dort hineinschauen und dazu ein bisschen Wein trinken kann. Also zogen wir um.

Es war grauenhaft. Früher, wenn der Lange und ich umgezogen sind, haben wir uns jeweils erst einmal ein paar Wochen, ein paar Monate oder ein paar Jahre zwischen die Umzugskisten gesetzt und uns überlegt, ob man an dieser oder an der anderen Wand ein Regal anbringen sollte. Jetzt haben wir Kinder, das heißt, dass man unmittelbar nach dem Zügeln alle Dinge, die man besitzt, sofort an der Wand festschrauben muss, weil sonst die Dinge oder die Kinder kaputtgehen. Wir haben also tagelang wie besessen geschraubt und sind jetzt so weit eingerichtet, dass es nach acht Tagen in der frisch renovierten neuen Wohnung so aussieht, als würden wir die Räume seit Jahren behausen.

Das wiederum hat ein wenig damit zu tun, dass der Lange und ich ordnungstechnisch keine Pedanten sind. Sondern überhaupt nicht, und zwar der Lange im ungefähr gleichen Masse wie ich. Deshalb fällt es jahrüber auch gar nicht auf, außer wir besuchen für ein paar Tage meine Eltern. Meine Eltern sind reizende, fröhliche und überaus gastfreundliche Menschen, und sie sind sehr reinlich; meinen Vater kann man ohne Einschränkung als fanatischen Ordentlichkeitstaliban bezeichnen. Einmal, als ich noch keine Kinder hatte, war ich übers Wochenende bei meinen Eltern und saß, während meine Eltern in anderen Zimmern ihren abendlichen Tätigkeiten nachgingen, vor dem Fernseher: Ich lümmelte auf einem Fauteuil, hatte mir einen zweiten Fauteuil unter die Beine geschoben, ein alkoholisches Getränk, eine Zeitschrift und einen halb vollen Aschenbecher neben mir auf dem Couchtisch. Dann war Werbung, und ich suchte das WC auf. Als ich zurückkam, war der Fernseher ausgeschaltet, alle Sessel standen im vorgeschriebenen Abstand zum Couchtisch, das Magazin war rechtwinklig, der sauber ausgepützelte Aschenbecher mittig darauf platziert, das Getränk war verschwunden und mit ihm jegliches Anzeichen dafür, dass ich mich je in diesem Zimmer aufgehalten hatte. Für ein paar Sekunden war ich mir unsicher, ob ich existiere; dann tauchte zu meiner Erleichterung mein Vater auf und entschuldigte sich, er hatte geglaubt, ich sei schon zu Bett gegangen.

So ist das zu Hause bei meinen Eltern. Und bei uns zu Hause ist es etwas anders. Wer je gesehen hat, wie die Mimis essen und mit welchem Gleichmut ihre Eltern auf die schlagartige Renovierungsbedürftigkeit der unmittelbaren Mimi-Essumgebung reagieren, der weiß, dass bei gegenseitigen Besuchen zwei Daseinskonzepte mit sehr geringem Harmoniepotenzial aufeinander treffen. Aber weil wir eine tolerante Familie sind, halten wir es jeweils etwa vierzehn Tage lang sehr gut miteinander aus. Danach machen meine Eltern keinen Hehl mehr daraus, dass sie sich darauf freuen, wenn ihre alte Ordnung wieder hergestellt wird. Das ist völlig okay mit uns, weil wir uns gleichermaßen nach unseren Räumen sehnen, in denen halb leere Kaffeetassen bis zu 1 1/2 Tagen auf Tischen herumstehen. Manchmal sogar 2.

Byebye Wauwau

Am Freitag war ich mit Sedlacek im „Meinl am Graben" zum Essen verabredet, und weil ich ein braves Mädchen bin, war ich pünktlich um acht dort, wurde an einem schönen Tisch platziert, und als Sedlacek um zehn nach acht den Raum betrat, fing er schon an der Garderobe zu brüllen an, dass er eine Blonde bestellt habe!, eine BLONDE!, jetzt sitzt da schon wieder eine Brünette!, schrie Sedlacek durch das Lokal, eine BLONDE hab ich verlangt!!!!, brüllte Sedlacek, und ich wusste, dass es ein sehr lustiger Abend werden würde. Und so war es auch, und Sedlacek hat trotz des viel versprechenden Anfangs kein einziges Mal gebellt.

Der Lange hatte mit eifersüchtigem Blick zur Kenntnis genommen, dass ich für diesen Abend mit Sedlacek einen knielangen Rock und hochhackige Schuhe angezogen hatte, weil das habe ich seit Monaten nicht, vorwiegend deshalb, weil man damit in Baumärkten nicht ernst genommen wird. Und weil, ich sag es ungern, der Bequemlichkeitsfaktor in meinem Leben noch immer eine herausragende Rolle spielt, da dieses blöde Ding von Doppelbuggy auch ohne enge Röcke und Stilettos kaum zum Derpacken ist, und den schieb ich täglich zwischen Wohnung und Tagesmutter und weiteren entlegenen Orten herum. Außerdem muss jederzeit gewährleistet sein, dass ich schneller laufen kann als die Mimis, die sehr schnell laufen können, leider nur kurzstreckig.

Unterdessen hat sich die Strecke zwischen Tagesmutter und neuer Wohnung erheblich verlängert. Natürlich wohnt die Tagesmutter in der Nähe von dort, wo wir früher gewohnt haben, in Little Ottakring nämlich, wo es dem Langen und mir als entschiedenen Multikultingern immer sehr gefallen hat – mir, weil ich bekanntlich ein offener und toleranter Mensch bin, während es dem Langen einfach grundsätzlich wurscht ist, wer ihm in welcher Farbe und Sprache auf die Nerven geht, und früher oder später tun das alle.

Im neuen Haus halten sie sich damit noch zurück, alle sind freundlich, und wir haben wohlwollend zur Kenntnis genommen, dass jetzt auf unserem Stockwerk kein Kampfhund mehr wohnt. Tatsächlich wohnt in unserem Stockwerk niemand außer uns, was auch die Herren vom Aufsperrdienst bemerkten, die mich Donnerstagabend aus meiner eigenen Wohnung befreien mussten, als der Lange bei einem Konzert war und ich innen den Schlüssel abdrehte, und zwar mit Hilfe einer Zange, es ist ein lange und aufreibende Geschichte, die ich Ihnen erspare. Die Aufsperrmänner erklärten mir jedenfalls, dass unsere Wohnung genau die sei, in denen die Einbrecher eigentlich immer anfangen, ganz oben und ohne Nachbarn, und sie empfahlen mir dringend einen einbruchsicheren Beschlag. Dabei hab ich geglaubt, wir ziehen von einer rauen Gegend in eine ruhige, weil in unserem früheren Haus wurde öfter mal eingebrochen, schließlich hats auch der Einbrecher nicht gerne weit zur Arbeit, aber uns hat er bislang verschont. Offensichtlich hat er sich vom Kampfhundegebell abschrecken lassen. Ich hab dann tden einbruchsicheren Beschlag genommen, 200 Euro; ich kann ja nicht immer Sedlacek einladen, damit er ein bisschen bellt.

Dank

Danke Freundinnen und Freunde in Zürich und Wien für alles und für die freundliche, mehr oder weniger freiwillige Zurverfügungstellung von Erlebtem und Gesagtem; vielen Dank Familie; danke Leserinnen und Leser fürs Lesen, für Zuspruch und Kritik. Danke den "Magazin"-Kolleginnen und Kollegen, vor allem Chefredakteur Res Strehle und Illustrator René Habermacher. Danke Bene Föger und Klaus Gadermaier vom Czernin-Verlag. Besonderen Dank an Christian Schachinger, Luise und Rosa, und an Thomas Haemmerli.

Autorin

Als Klappentext lesen

Doris Knecht wurde 1966 in Rankweil (Vorarlberg) geboren. 1985 übersiedelte sie nach Wien und brach dort im Laufe der folgenden Jahre mehrere Studien ab, darunter Germanistik, Politikwissenschaften und Architektur. Sie arbeitete als Putzfrau, Sekretärin und im Undergroundclub „Flex“. 1989 begann sie als freie Mitarbeiterin bei der Wiener Stadtzeitung „Falter“, wo sie 1995 stellvertretende Chefredakteurin wurde, daneben schrieb sie für die „Neue Zürcher Zeitung“ und als Gastkommentatorin für die „Presse“. 1998 wechselte sie als Redakteurin zum Wochenmagazin „profil“ und kommentierte für den „Kurier“. 2000 wurde sie Redakteurin des „Tages Anzeiger Magazin“, wo sie bis heute eine wöchentliche Kolumne verfasst. Nach der Geburt von Zwillingen im Jahr 2002 arbeitet sie derzeit als freie Journalistin vor allem für „profil“.

Lojze Wieser

Die Zunge reicht weiter als die Hand

Anmerkungen eines Grenzverlegers

Herausgegeben von
Peter Handke, Barbara Maier und Franz V. Spechtler

„Die Sprache ist ein Reichtum, entstanden aus Jahrhunderte langen Einflüssen, durchsetzt von Lehn- und Fremdwörtern, und in der Literatur zeigt sich diese Vielfalt. Erst in den verschiedenen literarischen Formen wird dieser Reichtum benerkbar, überrascht und überzeugt immer wieder aufs Neue. Kulturen sind das Salz der Gesellschaft und der Umgang mit ihnen zeigt: Wer nur von der einheimischen Kultur was versteht, der versteht auch von dieser nichts."

Lojze Wieser

Czernin Verlag
ISBN: 3-7076-0184-6